図解 考える 話す 読む 書く

しごとの
きほん

The fundamentals of how to improve
your thinking, speaking, reading and writing skills for work

知的生活追跡班［編］

青春出版社

できるビジネスマン必携の一冊！———はじめに

「アイツは仕事ができる」といわれる人は、ただ要領がいいだけではない。よく観察してみると、仕事のコツというかキモをちゃんとつかんでいたりする。

　たとえば、電話の受け答えひとつとっても「なるほど！」と納得させられることが多い。プレゼンのしかたや書類のまとめ方にしてもそうだ。なにも特別なことをしているわけではないのだが、仕事をするうえでの基本のセオリーを押さえているのだ。

　本書は、そんな仕事が"デキる人"がもっている「考える力」や「話す力」をはじめ、ビジネスパーソンの基本となる「聞く力」「読む力」「書く力」「学ぶ力」などの6つの「力」を図解とともにわかりやすく解説している。

　さらに、職場の上司や同僚との人間関係もうまくいくように、基本的なコミュニケーションのとり方や交渉のしかたなども盛り込んだ。また、各章末には、理解をさらに深めるために「ドリル」を掲載。どこから読んでも使えるよう1ページ読み切りで300項目を収録した、まさに大全の名にふさわしい一冊となっている。

　気になるページからさっそく試してみよう。ビジネスシーンだけでなく、日常生活にも役立つノウハウばかりだ。

2016年4月　　　　　　　　　　　　　　　　　　知的生活追跡班

図解 考える 話す 読む 書く しごとのきほん大全　Contents

第1部 「考える力」が面白いほど身につく！

STEP 1 「論理力」──筋道を立てて考えるための鉄則

まずは身につけておきたい「書いて整理する習慣」……… 30
論理力がみるみる身につく「記号メモ」……………… 31
頭の中をスッキリさせる"コーネル大学式ノート"……… 32
会議のノートはすべて「1冊」に収めるべき理由……… 33
企画書がカチッとまとまる「8つの項目」…………… 34
なぜ「理屈」が思考の混乱を招くのか ………………… 35
今やるべきことがハッキリわかる"長期思考戦略"…… 36
思考力が倍増する「時間帯」の法則 …………………… 37
「コメント日記」で「考える力」がみるみる身につく…… 38
「考える力」を効率よく鍛える「目標設定法」………… 39

論理力ドリル　○○ ……………………………… 40

STEP 2 「発想力」──アイデアが突然湧き出す頭の使い方

すごいヒットを生みだす"アイデア貯金法" …………………… 42
メモに時と場所を加えるだけで「アイデア連鎖」が起こる …… 43
1つのネタから複数のアイデアを生みだす㊙メモ術 ………… 44
"脳内アイデア"を魅力的にさせる「変換装置」 ………………… 45
脳を活性化させるA4サイズの裏紙メモ ………………………… 46
企画を温めるよりむしろ思いつきをアピールする …………… 47
いいアイデアがどんどん貯まる"朝メモ"の法則 ……………… 48
"怠け上手"になれば名案がどんどん湧いてくる ……………… 49
クリエイターが大切にする「発想力が高まる瞬間」 …………… 50
自分宛てのメールで発想の"トリガー"を溜めておく！ ……… 51
アイデアがポンと浮かぶ「感動力」の身につけ方 ……………… 52
次々とヒットを飛ばす人の意外な「目のつけどころ」 ………… 53
身近な「不平不満」の中に企画のヒントが眠っている ………… 54
考えに行き詰まったら訪れたい「場所」とは …………………… 55

発想力ドリル ○○ ……………………………………………… 56

STEP 3 「判断力」——物事を速く正確に見極める力

「第一印象」が人の思考を鈍らせるのはなぜか ………… 58
自分だけの狭い価値観から一瞬で脱け出す方法 ………… 59
「思い込み」で判断しないための最重要ポイント ………… 60
会議は「判断力」を養う最高の場所である ………… 61
大切なのは顔の見えない多数より身近な少数意見 ………… 62
集中力を最大限に高める「環境」のつくり方 ………… 63
誰にも思考の邪魔をさせないバリケードの築き方 ………… 64
結論が出ないときは「目先のこと」を考えるといい ………… 65

判断力ドリル ○○ ………… 66

STEP 4 「問題解決力」
——トラブル・ミスを結果につなげる考え力

"細分化思考法"で解決策がサクッと浮かぶ ………… 68
問題を効率的に解決する「4つの工程」 ………… 69
考えに行き詰まったら試したい"逆転発想法" ………… 70
みるみる問題が解決する「3色ボールペン」の法則 ………… 71
問題解決がうまい人は数字の読み方もうまい ………… 72

プレッシャーを自信に変える「思考切り替え」の技術……… 73
冷静さを失ったときに効果抜群の"カリカライズ"………… 74
トラブルを未然に防ぐ「問題解決ノート」のつくり方……… 75

（問題解決力ドリル）○○……………………………… 76

「戦略的思考」
――「次の一手」で差をつける思考法

完璧を目指さない姿勢が次の一手を生む………………… 78
意味と価値を180度変えてしまう方法…………………… 79
説得力がグンと増す「数字」の見せ方・使い方…………… 80
ヒットの裏に隠されたテストと実験の思考戦略………… 81
嫌な仕事がサクサク進む「テーマ設定法」……………… 82
単純作業を確実にこなす「キッチンタイマー時短術」……… 83
嫌いな仕事は「まず5分」考えてみるだけでいい………… 84
ポジティブ思考をクセづける「しぐさ」の法則…………… 85

（戦略的思考ドリル）○○……………………………… 86

「考える力」クイズ…………………………… 87

第2部
「話す力」が面白いほど身につく！

STEP 1 「説明力」──物事をわかりやすく相手に伝える力

「本題＋詳細＋本題」で話は必ず論理的になる …………… 94
相手の判断を確実に促す"2段話法"とは？ …………… 95
「主語・述語」をはっきりさせればトラブルは未然に防げる …… 96
3つの語尾を使い分けるだけでトラブルは未然に防げる …… 97
相手がイラつく報告の仕方、相手が満足する報告の仕方 …… 98
相手の脳に沁み入る話し方のトーンと速度 …………… 99
短いセンテンスでわかりやすく話すための「5カ条」とは？ …… 100
説明がグッとわかりやすくなる"つなぎ言葉" …………… 101
「脳内整理力」がアップする"まとめ言葉"とは？ …………… 102
会議の前に押さえておくべき2つの情報 …………… 103
相手が"ピン"とくる「数字・固有名詞」の使い方 …………… 104
伝わらない説明には4つのポイントが抜けている …………… 105

説明力ドリル ○○ …………… 106

STEP 2 「交渉力」——相手を納得させ同意させるテクニック

「説得しよう」ではなく「説明しよう」の気持ちが結果を生む……108
「たとえ話」と「事実」の併用で相手は確実に落ちる……………109
交渉をうまくまとめる"落とし所"の決め方………………………110
思い通りに相手を動かす「誘導」の手順……………………………111
会議の主導権を握る"アジェンダ・セッティング"とは………112
新しいアイデアは過去の実例とセットにすると採用されやすい……113
米国ビジネススクールで教える交渉相手を落とす５つの条件……114
相手がためらう要求もこの２ステップでうまくいく…………115
説得がうまい人は、声の強めどころを知っている………………116
値引き交渉でこちらの土俵に持ち込む「電卓」の使い方………117

交渉力ドリル　○○……………………………………118

STEP 3 「雑談力」——好感度が200％UPする話し方

会話の達人は３つのポイントで"間"を使いこなす………………120
相手の心を完全に虜にする「話のツカミ」４つの方法……………121
話が一気にリアルになる擬態語・擬声語の使い方………………122
話が空回りしたときに効く「ひと呼吸」の魔法……………………123

「え〜と」「あの〜」…妙な言葉グセをなくす呼吸法……………124
間違いなく相手が食いつく「会話の話題」…………………125
相手を退屈させない会話のコツ"3分ルール"………………126
「呼び方」を変えるだけで接近度は変わってくる！…………127
記憶に残る「自己紹介」はアピールの仕方が違う……………128
「雑談力」を磨けば交渉はスムーズにいく……………………129

雑談力ドリル ○○……………………………………………130

STEP 4 「プレゼン力」——より魅力的に演出する技術

口下手な人もテンポよく話せるスピーチ原稿の構成とは？……132
オバマ大統領、キング牧師…スピーチ上手な人たちの共通点…133
脳の"整理棚"を利用すれば理路整然と話せる………………134
視覚型、聴覚型、感性型…プレゼンは相手のタイプに合わせる……135
テンパった状態から一瞬で脱け出す"決め動作"……………136
プレゼンでのプレッシャーを取り除く「視線」の動かし方……137
誰でもたちまちスピーチ上手になる"映像化記憶法"………138
プレゼン直後の「10分間反省会」が次のプレゼンに生きる……139
"超一流のプレゼン"を簡単に自分のモノにする方法………140
プレゼンの見本は会議室ではなく"街"にある………………141

プレゼンを成功させるために必要な「4つの要素」とは …… 142
プレゼンで大切なことは聞き手をどう"巻き込む"か ……… 143

`プレゼン力ドリル` ○○ ……………………………… 144

STEP 5 「心理話法」──相手を確実に操る禁断の話術

相手に「イエス」といわせる2つの禁断テクニック ……… 146
上司に気に入られるには「仕事の質」より「会話の質」…… 147
「無理なお願い」もすんなり通る"メリット強調法" ……… 148
相手のやる気を左右する「－」の言い方、「＋」の言い方 …… 149
落ち込んでいる人には慰めの言葉よりこんなひと言 ……… 150
相手のプライドを傷つけずにサラリと文句を伝える技術 … 151

`心理話法ドリル` ○○ ……………………………… 152

「話す力」クイズ ……………………………… 153

第3部
「聞く力」が面白いほど身につく！

STEP 1 「傾聴力」──相手の本音を見抜く聞き方のコツ

相手の「聞いてほしい心理」をくすぐる3つの動作 …………… 160
会話を盛り上げるなら「話し上手」より「話させ上手」………… 161
自然体を演出する「目線」の動かし方 ……………………………… 162
聞き上手の人から盗むべき「決まり文句」と「決まり動作」…… 163
得する情報がどんどん手に入る"素人のフリ"作戦 …………… 164
弾む会話のポイントは「共感」より「相違」にあり …………… 165
人は言葉よりもしぐさ、目線、声のトーン…から判断する …… 166
「批判は視野を広げるツール」と考える …………………………… 167

 傾聴力ドリル　○○ …………………………………………… 168

STEP 2 「質問力」──思い通りの結論に導く聞き方

売れる営業マンの「質問重ねテクニック」………………………… 170
不安げな相手を安心させる"質問返し"テクニック …………… 171

交渉は「質問する側」に立ったほうが勝ち ……………… 172
交渉時こそメモをとることが重要である訳 ……………… 173
「質問力」は相手の話をしっかり聞くことで鍛えられる …… 174
いい質問ができる人は「問題発見力」が高い人 …………… 175
相手を乗せて必要な情報を得るうまい聞き方 …………… 176
"視点置き換え法"なら相手の心理が手にとるようにわかる … 177

質問力ドリル ○○ ……………………………………… 178

STEP 3 「回答力」——相手の信頼を勝ちとる答え方

反対意見でも相手が納得する"YES・BUT法" …………… 180
質問に答えないのに逆に信用される方法 ………………… 181
誠意が伝わる断り方「ノン・ディレクティブ・メソッド」…… 182
話の長い相手の電話をうまく切り上げる方法 ………………183
「感謝の言葉」と「お詫びの言葉」はバリエーションを用意する … 184
ミスしても相手にいい印象を与える「怒られ方」…………… 185
むしろ評価が上がる「上司のお誘い」お断りテクニック …… 186
突然会話を終わらせてしまう「タブー言葉」とは …………… 187

回答力ドリル ○○ ……………………………………… 188

「好感力」
　──感じがいいと思われる人の話し方・接し方

　好かれたい人に好かれる"映し鏡の法則"とは？ ……………… 190
　相手との距離をギュッと縮める"コフートの法則" ………… 191
　「情報は積極的に開示する」のができるビジネスマンのやり方 …… 192
　ネガティブな言葉を口にしないだけで人は寄ってくる ……… 193
　相手と自分の距離を一瞬で縮める"つくり笑顔の法則" ……… 194
　"第一印象"が確実にアップする「名刺トーク」とは？ ………… 195
　「明るいイメージの人」が好感度が高い理由 ………………… 196
　焦らないために身につけておきたい"雰囲気"とは？ ………… 197

　好感力ドリル ○○ ………………………………………… 198

「根回し力」
　──自由自在に他人を動かす禁断のテクニック

　相手の説得が面白いほどうまくいく"グレーゾーン"の手法 …… 200
　説得する相手の「素性」と「背景」を知っておく ……………… 201
　上司の信頼を得たいなら「報・連・相」より「相・連・報」 …… 202
　優柔不断な上司をうまくコントロールする㊙話術 ………… 203

上司のバックアップが最大限に得られるボトムアップ根回し術 …… 204
意外な効果を発揮する「根回しのための根回し」とは？ ……… 205
根回しするときに絶対使ってはいけないタブー言葉 ………… 206
リアルな感想や口コミを集める「根回し」が後でモノをいう …… 207

根回し力ドリル ○○ ………………………………… 208

第4部 「読む力」が面白いほど身につく！

STEP 1 「読解力」
―― みるみる知識が頭に入る読み方の鉄則

まずは書き手の"文章パターン"を見抜くだけでいい ……… 212
サクサク「暗記」ができるアンダーラインの引き方 ………… 213
文章理解がさらに深まる「補足コメント」の書き方 ………… 214
本を「仕事の虎の巻」に変える書き込み読書術 …………… 215
ただ挟むだけではもったいない「しおり」の意外な使い方 …… 216
「帯メモ法」なら本の要点をすぐにチェックできる ………… 217

重要部分を短時間で見極める「拾い読み」と「めくり読み」····218
「わかっていること」と「わかっていないこと」の間に線を引く····219
難解な文章も一度で理解できる「Q&A読書法」················220
「上級者向け」の本は「入門書」を参考に読むといい···············221
「著者プロフィール」にこそ本の本質が隠されている············222
本の中身をすぐに知りたいなら「あとがき」を先に読め······223

読解力ドリル ○○ ···224

STEP 2 「速読力」──誰よりも速く理解するテクニック

「ものさし」ひとつでムダな「読み返し」がなくなる·············226
「斜め読み」より効果的な"タテ読み"とは······················227
速読は「文字を追う」ではなく「文字を眺める」·················228
"フォトリーディング"をマスターすれば秒速で読める！····229
新聞10紙を30分で読み切る"時短"読破術····················230
円グラフ、棒グラフ…を一瞬で読み取る「視線の動かし方」····231

速読力ドリル ○○ ···232

「情報収集力」
──有益な情報をすばやく見極める技術

情報収集の第一歩は情報をあえて"捨てる"こと ………… 234
インターネットの「即時性」を最大限に利用する検索法 …… 235
面倒なネット検索を驚くほどラクにする２つの方法 ……… 236
いつでもどこでも同じ情報をチェックできる環境の整え方 … 237
ネットではなく「辞書」で調べると幅広い情報が得られる … 238
情報収集のカギを握る"キーマン"の見つけ方 …………… 239
本選びの達人が教える「１分」でいい本を選ぶ技術 ………… 240
３章まで読んでも面白くない本は読んではいけない ……… 241
視野を広げたいときに読むべき作家とは？……………… 242
「読む気にならないもの」こそ「自分に必要なもの」 ………… 243
何を読めばいいか迷ったらまずは「伝記」を選べ ………… 244
ときには"衝動買い"で情報を得るといい理由 …………… 245

情報収集力ドリル ○○ …………………… 246

「情報整理力」
──頭の中をスッキリ整理するコツ

17

重要な情報だけをストックできる「網の目スクラップ法」…… 248
"入れ子収納法"なら紙の書類も精密に管理できる ………… 249
時間を節約したいなら、情報をあえて分類しない ………… 250
アイデアが浮かぶ、やる気が出る「スクラップ・テクニック」… 251
「どの本に書かれていたっけ?」を解決する「1分間記録法」… 252
仕事がサクサク進むデータ管理の名付けルール ………… 253
写真やデータを最も確実に保存する方法 ……………… 254
未来の財産になる「1行読書日記」のつけ方 …………… 255
発想のヒントになる「図版データベース」のつくり方 ……… 256
領収書の整理がラクになる「五十日ルール」……………… 257

 ○○ ……………………………………… 258

STEP 5 「裏読み力」
――新聞、広告、メール…書き手の心理の読み方

新聞やネットの記事は2つの部分を読むだけでいい ……… 260
文章に秘められた相手の思惑は「数字」に表れる ………… 261
この「ネット検索術」でニュースの裏側を見抜く…………… 262
女性は「口コミ」、男性は「比較サイト」でチェックする ……… 263
本や雑誌の「広告」を読むだけで世情がわかる …………… 264

企業もほしがる情報が「読者投稿ページ」に潜んでいる ……… 265
もらったメールで重要なのは「いつ送信されたか」 ………… 266
メールは「一文の長さ」から相手の心理が読める …………… 267

　裏読み力ドリル　○○ ……………………………………… 268

第5部 「書く力」が面白いほど身につく！

STEP 1 「メモ力」
　　　──考えがまとまる、アイデアが閃く書き方のコツ

「縦分割法」で普通のノートがオリジナルノートに変わる …… 272
資料として使いやすいノートは「1枚目」が違う ……………… 273
好感度が200％アップする「雑談メモ」 ………………………… 274
あとで貴重な資料になる「Q＆A式メモ」 ……………………… 275
過去のメモ帳を最大限に利用する情報ストック術 …………… 276
「どこでも100円ペン」でアイデアがみるみる貯まる ………… 277

　メモ力ドリル　○○ ………………………………………… 278

STEP 2 「手帳力」——仕事の効率が上がるうまい使い方

- １日の作業を"見える化"させる付せん遣いのコツ ………… 280
- 「仕事とプライベートの手帳は分けない」のが鉄則 ………… 281
- スケジュール、メモ、資料…すべてをうまく整理するインデックス法 … 282
- 「時間想定メモ」でムダな時間が省ける ……………………… 283
- 手帳を「家計簿」として利用するちょっとした工夫 ………… 284
- 急な用事にもすぐ対応できる"ちょい便リスト"とは ………… 285
- 手帳を良質の「接待ガイド」として利用する裏ワザ ………… 286
- 手帳に書くとモチベーションが上がる「10年計画表」……… 287

手帳力ドリル ○○ …………………………………………… 288

STEP 3 「企画力」——必ず通る企画書の書き方の秘密

- 企画書はタイトルと１行目で８割決まる ……………………… 290
- グンとわかりやすい企画書になる「目理方結」の法則 ………… 291
- 企画書には必ず「デメリット」を書いたほうがいい訳 ……… 292
- 相手の興味を一瞬で惹きつける企画書の「つかみ」………… 293
- 企画書をすっきり見せる色と図形のテクニックとは ………… 294
- 企画の説得力がアップする「スケッチ力」の身につけ方 …… 295

通る企画書の見本はマニュアル本には載っていない ……… 296
ビジネス文書は仕上げ前にプリントするのがコツ ………… 297

企画力ドリル ○○ …………………………… 298

「文章力」
―― 「伝わる」「読ませる」いい文章の黄金法則

わかりやすい文章は「起承転結」より「起結承転」 …………… 300
「主語と述語」は近いほど読みやすい ………………………… 301
文章を読みにくくさせる「2つの表現」 ………………………… 302
曖昧表現は徹底的になくしてしまう …………………………… 303
いい文章を書くためにはいい文章を"写文"する ……………… 304
長めの文章を1/8に「要約する力」をつける ………………… 305
時間をおいて見直すだけで納得がいく文章が書ける ………… 306
長い文章もすらすら書ける「コンテ・メモ」とは ……………… 307
読んでもらえる文章には最初に"予告"が入っている ………… 308
思わず読む気にさせる社内文書の「ひと言」 ………………… 309

文章力ドリル ○○ …………………………… 310

STEP 5 「手紙・メール力」
——人間関係がうまく回りだす魔法のルール

どうしても伝えたい情報を相手の心に刷り込む「繰り返し技」····· 312
漢字は文章全体の3割くらいにおさえる ·································· 313
メールでは「黒か白か」はっきりさせることが重要 ················ 314
否定的な態度の相手に効く「YES・BUT方式」····················· 315
それ、こちら、話す…そのあいまいな表現がトラブルを招く···· 316
印象に残るメールは「タイトル」が違う ································ 317
好感度の高いメールは「締めのひと言」が違う ····················· 318
「メールで済む用事をあえて手紙で書く」と誠意が伝わる···· 319

(手紙・メール力ドリル) ○○ ······································· 320

STEP 6 「文具力」
——仕事の効率が上がるちょっとした工夫

ドット入り、ルーズリーフワイド…目的に合ったノートの選び方···· 322
仕事の効率が上がるカスタマイズボールペン ······················ 323
「ペン立てには同じ文具を入れない」のが文具を失くさない秘訣···· 324
「マイお道具箱」を使えばムダな動きがなくなる ················· 325

机の上と頭の中が瞬時に整理されるマウスパッド……………326
　　パソコンまわりがスッキリ片づくデットスペース活用法……327
　　パソコンを「メッセージボード」として活用する裏ワザ……328
　　こんな便利ツールで情報が「携帯ストラップ」になる……………329
　　FAXとコピーの効率を上げる必須アイテム…………………………330
　　「どんな筆記具で書いたか」も意外と見られている……………331

　　文具力ドリル　○○……………………………………………………332

第6部 「学ぶ力」が面白いほど身につく！

STEP 1　「学習力」──200％の結果に導く勉強法の極意

　　"デキる人"はなぜ"朝活"を習慣としているのか……………336
　　「落ち着きのない姿勢」がむしろ脳を活性化させる………………337
　　他人の力を借りて勉強不足を補う方法………………………………338
　　2種類の学習が"同時にできる"すごい勉強法とは？………339
　　短時間で成果が出る「3段階スパイラル方式」………………340

情報をスッキリ整理できる「○⇔記述法」……………… 341

学習力ドリル ○○ ……………………………………… 342

STEP 2 「記憶力」
―― 脳の仕組みを最大限に利用した覚え方

脳の前頭葉を活発にさせる「基本三原則」とは？……… 344
１日１回笑うだけで「記憶力」は向上する ……………… 345
面白い話は"受け売り"すると記憶に止まる …………… 346
「脳内ボックス」からスムーズに記憶を抜き出す方法 …… 347
「エピソード記憶」で覚えれば必要なことを一瞬で思い出せる … 348
覚えておきたい事柄は青ペンでメモする ……………… 349
「対話学習」なら情報が何度も脳に刷り込まれるから忘れない … 350
"アイデア脳"が鍛えられる「ラジオ勉強法」…………… 351

記憶力ドリル ○○ ……………………………………… 352

STEP 3 「集中力」
―― 効果が上がる、成果がUPする勉強法

頭と身体を勉強モードにさせるウォーミングアップのやり方 … 354

忙しいときほどその他を全部捨てて一点集中したほうがいい……355
電車の中が「充実した勉強タイム」になるちょっとした工夫……356
読書が苦手な人もラクラク読める"つまみ食い読書法"……357
「1日1冊」が可能になる読書タイムのつくり方……358
集中力を高めるBGM、思考を邪魔するBGMの違い……359

（集中力ドリル）○○……360

STEP 4 「疑問力」
――重要ポイント・問題点をひと目で見つける技術

「当たり前」のことほどおかしいと疑え……362
"常識の壁"を破る「スキーマ発想法」とは？……363
アイデアマンには"あまのじゃく"が多い……364
「どうしたら楽になるか？」を考えると改善策が見えてくる……365
自分の認識が世間とズレていないかチェックする方法……366
新聞の"水面下"にある見えない真実をつかむ技術……367

（疑問力ドリル）○○……368

STEP 5 「持続力」
――モチベーションを高く保ち続けるコツ

モチベーションを保つためには"大げさな動機"がいい …… 370
スランプに陥ったら「自分以外のせい」にするとうまくいく…… 371
目標のハードルはむしろ"下げた"ほうが達成感が上がる！…… 372
ビジネスでは「苦手なことはそれなりに」でOK ………… 373
"三日坊主"を克服する「３つの法則」とは ………………… 374
下がったモチベーションを２日で完全復活させるには？…… 375
「ポジティブ日記」で自分の才能が見えてくる！ …………… 376
10年後のリターンを10倍にする"自己投資法" …………… 377

持続力ドリル ○○ ……………………………… 378

※本書は、『図解１分ドリル この一冊で「考える力」と「話す力」が面白いほど身につく！』(2009年)、『図解１分ドリル この一冊で「読む力」と「書く力」が面白いほど身につく！』(2010年)、『図解１分ドリル この一冊で「学ぶ力」と「伝える力」が面白いほど身につく！』(2010年)、『図解１分ドリル この一冊で「モノ」と「思考」を整理する力がいっぺんに身につく！』(2010年)をもとに、改題・加筆・修正のうえ、新たな情報を加えて、再編集したものです。

イラスト ………… 川村 易
DTP・図版 ……… ハッシィ
制作 …… 新井イッセー事務所

第 1 部

「考える力」が面白いほど身につく！

なぜ「考える力」が必要なの？

たくさんやるべきことがあるのに、手がつかない。アイデアを思いついても、実現しない。情報を仕入れても、うまく使えない。こんな悩みも「考える力」を身につけるだけで解決する。考え方にはセオリーがある。ちょっとした工夫とコツさえマスターすれば、上達することは間違いない。

仕事がどんどん楽しくなる！

STEP 1

「論理力」

筋道を立てて考えるための鉄則

「考えがまとまらない」と悩んでいるなら、それは「論理的」に考える力が不足しているからだ。筋道を立てて論理的に考える力を身につける鉄則とは。

まずは身につけておきたい「書いて整理する習慣」

　物事を考えるときに「書く」という行為は有効な手段の1つだ。日ごろから**「書いて整理する習慣」は身につけておいて損はない**だろう。

　とはいえ、ただ闇雲に書き出したところで、途中で脱線したり、支離滅裂な文章になりがちである。自分でも何を書いているのかわからなくなり、せっかくのアイデアも形にできないまま埋もれてしまう。仕事の効率を考えても、じつにムダの多いやり方だ。

　こうならないためにも**まずすべきことは、考えるべき「テーマ」を先に書いてみること**である。「売上げ」についてなのか、「新規事業」についてなのか、考えるべきテーマを決めてまず書いてしまう。そして、その**テーマに基づいて、思いつくことを片っ端から並べて書いていく**のだ。

　こうして書かれたものは一見バラバラに見えても、最初にテーマを掲げているおかげで、少なくとも同じ方向性を持っている。本筋からそれる心配もない。あとは不要なものは削り、足りないものを加えるだけで、まとまってくる。

　「企画書に一貫性がない」といわれる人におすすめしたいやり方だ。

論理力がみるみる身につく「記号メモ」

考えなければならないことが山ほどあるはずなのに、悩めば悩むほど考えがまとまらなくなる……というのはよくある話だ。

そこで試してもらいたいのが、**「→」や「＝」などの記号を使ってメモをとる方法**である。

たとえば「A社のコスト削減問題→上司Bに相談のうえで会議に出す→通らない場合はCを提案」とか、「D社で〇〇万円契約＝ノルマ〇〇パーセント達成→E社のフォロー」といった具合に流れのあるメモをとれば、自分の考えを方程式のようにまとめることができる。あとで見返しても一目瞭然だ。

もしも**考えが変わった場合には、さらに「→」で書き込めば自分の思考の足跡もたどれるし**、いざというときにも元の考えに立ち戻ることができる。ぜひ実践してみよう。

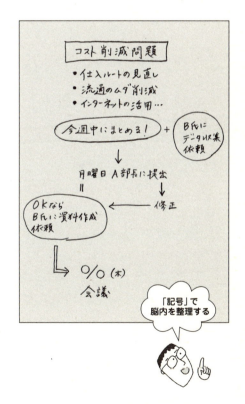

頭の中をスッキリさせる "コーネル大学式ノート"

大学などの講義ノートのまとめ方として知られている**「コーネル大学式ノート」**作成法。じつはこのノート術、ビジネスマンにも参考になるので紹介したい。

まず、**1ページを3つのブロックに分けて使う**。もっとも大きなスペースは、ふつうに**「ノート」**として使い、聞いた話をそのまま書き込んでいく。

その「ノート」の左側3分の1ほどに**「キュー」**をつくり、話のキーワードや疑問点、アイデアなどを書き込む。

そして、下段の**「サマリー」**には、ここだけ読めば内容が把握できるよう、そのページを要約して書き込む。

会議中にとったノートを見ながら、ポイントとなるキューを書き、そして全体をまとめてサマリーをつくる。

この作業によって、会議の内容が整理された知識として頭の中に入ってくるのだ。

会議のノートはすべて「1冊」に収めるべき理由

　プロジェクトごとにファイルやノートをつくって情報を管理することは、たしかに"整理"するという意味ではとてもいい方法だが、**会議用のノートだけは1冊にまとめてしまいたい。**

　1冊にまとめると、内容がごちゃごちゃになってしまうように思うかもしれないが、むしろこのほうが仕事の効率が高まるのだ。

　たとえば、Aというプロジェクトの会議はスタートしたばかりなのでほぼ毎日打ち合わせがあるが、Bのプロジェクトは半年後にスタートするため会議は週に1回、さらにプロジェクトCはまだ企画段階なので月1回しか開かれないとしよう。

　これらの会議でノートを別々に分けると、1冊のノートを使いきるまでの時間に大きな差が出てくる。

　Aは毎日使うので20日もすれば使い終わっても、Bは週に一度なので2カ月以上は持ち歩くことになり、さらにCはすべて書き終わるのに1年以上かかってしまうということにもなりかねない。

　すると、使用回数の少ないノートは見返す頻度が減るばかりでなく、書類の山の中に埋もれてしまい、うっかり紛失してしまう恐れさえ出てくる。

　ところが、**ノートを1冊にまとめてしまえば、まだ本格的にスタートしていない仕事でも、頭の片隅に置いておくことができる。**

　ふとしたことからアイデアが浮かんだり、パラパラと見返すことで週1回の会議でも**前回までの流れを確認することも、問題点や課題があれば時間があるときに考えをめぐらせることもできる。**

　忙しいビジネスパーソンこそ、会議のノートは1冊にまとめたほうがいい。ノートはただ記録を残すだけではなく、最新の情報を引き出すツールでもあるのだ。

企画書がカチッとまとまる「8つの項目」

得意先に新たな提案を持ちかける場合、**真っ先に求められるのが「企画書」の提出**だ。

そして**企画書の作成こそ、論理的に考える力が試される最たるもの**といえる。まだ形になっていない企画の趣旨を相手に正確にプレゼンテーションするためには、論理的な思考が不可欠なのだ。

とはいえ、そんなに難しく考えることはない。ひとまず8つの項目に分けて考えてみればいいのである。

それは、表紙や序章の部分にあたる「**①イントロ**」、「**②問題提起**」、「**③テーマおよびターゲットの設定**」、具体的なデータに基づく「**④現状分析**」、「**⑤企画案の提示**」、その企画を実践した際の効果などから予測できる「**⑥評価**」、全体のスケジュールを示した「**⑦実行計画**」、参考資料などの「**⑧付加情報**」の8つだ。

これらは単に企画書を構成する順番を表しているだけでなく、企画を提案する際に必ず考えなくてはならない事柄をすべてカバーしている。これらを揃える過程で、考えがまとまり、ボンヤリとしたものがはっきりとした形となってくるのだ。

相手を納得させるには、まず自分の考えをしっかりとまとめなければならない。企画書はそのためにも有効なのだ。

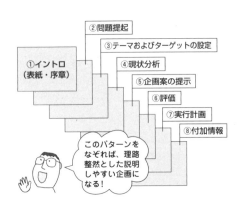

なぜ「理屈」が思考の混乱を招くのか

　モノごとを論理的に考えるには、「相関関係」と「因果関係」の混同に気をつけなければならない。相関関係とは「片方が変化すれば、それによりもう一方も変化する関係」のことで、因果関係とは「両者が原因と結果の関係にある」ことを指す。
　わかりやすい例をいくつか挙げてみよう。
　「長寿の人は肉をよく食べる」（相関関係）という統計があるとする。しかし、だからといって「肉を食べていれば長生きする」（因果関係）とは限らない。つまり、X（長寿の人）とY（肉をよく食べること）が相関関係にあるからといって、YであればXであるというような因果関係にあるとは限らないのだ。
　こんなの当たり前だという人も、「女性の消費者は安い製品を選ぶ傾向にある」というケースならどうだろう。こう聞くと「安い製品をつくれば女性にウケる」と素直に考えてしまう人は多いのではないだろうか。この理屈も、じつは長寿と肉の例と同じなのである。
　アンケートやモニター調査で製品のリサーチをすると、傾向や特異性も出てくるため、つい因果関係が成り立つと思ってしまいがちだ。しかし、たいていは別の話であると認識したほうがいいだろう。

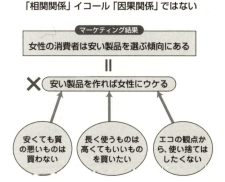

今やるべきことがハッキリわかる"長期思考戦略"

目指す方向はわかっていて、たどり着くべきゴールがあっても、何をしていいかわからずにジタバタすることは誰にでもある。

そこで**おすすめしたいのが、長期計画から逆算して、今なすべきことを導き出してみるという方法**である。

たとえば、3週間以内に大きな契約をとらなくてはならないとする。とすると、最後の1週間を先方との交渉にあてるためには、その1週間前までに企画書を作成し、最初の1週間のうちに資料を集める……という計画ができあがるだろう。

逆に、とりあえず思いつくことから見切り発車でスタートすると、いつまでに何を成し遂げるべきかわからず、結果として先を見失うことになる。

それよりも、**"長期思考戦略"で、自ずと結果はついてくるはず**だ。

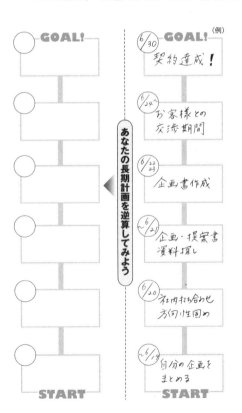

思考力が倍増する「時間帯」の法則

どうしても今日中に考えをまとめなくてはならないが、思考力は落ちる一方。無理やり捻り出したアイデアもパッとしない……。

それは、1日フル稼働してきたための疲れももちろん一因ではあると思うが、最も大きな原因は「時間帯」にあるかもしれない。

じつは**モノを考えるときにふさわしい時間帯が、ある科学的データによって明らかになっている。**

アメリカの著名な科学者によると、**人間の集中力のピークは午前10時ごろ**だという。したがってたとえば9時が始業であれば、出社してからの2時間が最も集中力が増すというわけだ。

一般的なビジネスパーソンの1日は昼をはさんで午前と午後に分かれており、午後のほうが圧倒的に長い。つまり、午前中のその2時間はかなり貴重な時間ということになる。

そこで、**集中して考えたいことがあるなら、迷わず午前中にとりかかろう。**午後になると食事をとったことで心身の緊張が薄れて眠くなったり、集中力が途切れていくら考えても思いつかないという状態に陥りがちだ。

いいアイデアは、考える時間の長さに比例するのではなく、一瞬のひらめきであることが多い。脳のコンディションがよい時間帯を選ぶことが大切だ。

朝9〜11時は思考力のゴールデンタイム

「コメント日記」で「考える力」がみるみる身につく

「考える力」を身につけたいなら、毎日欠かさず日記を書くことをおすすめする。その日1日の出来事を振り返り、それを整理してまとめることで自然と頭の中がすっきりと整理されるからだ。

ただそうはいっても、たいていの人は長続きしない。途中で日記をつけるのが面倒くさくなり、三日坊主になってしまいがちだ。

じつは、日記を途中で投げ出さずに続けるコツがある。それは、**日記を長い文章で書かずに、簡単なコメント風にしてみること**だ。「○○社の担当者と初対面。具体的な意見を交換」「キャンペーン企画完成。明日はいよいよプレゼン」などと書く。または、**日記専用の非公開アカウントをつくって毎日ツイートするのも手**だ。

このような日々の記録を残しておくと、仕事全体が俯瞰できるようになるだけでなく、上司に報告書の提出を求められたときにもうまくまとめられるようになる。

もちろん仕事だけに留まらず、日々の出来事を綴ってもいい。読むのは自分だけなのだから文章を推敲することなくメモをとる気分で書けばよい。

たとえ長い文章でなくとも、今日1日何があったかを書くだけで、自然と頭の中をまとめる力も身についていくのである。

「考える力」を効率よく鍛える「目標設定法」

たとえばいきなりフルマラソンを走れといわれたらムリでも、ひとまずは3キロという小さい目標であれば頑張れるのではないだろうか。

なすべきことが100あったとしよう。しかし、**最初から100を目指さなくてもいい**のだ。まずは10まで、それが達成したら次は15までと、**小さな目標を立てると、とたんにスッキリする。**

つまり、これらの**目標はゴールまでのチェックポイント**だ。目標を目指して一歩ずつ進んでいき、その結果が100になるという"**計画的思考**"である。

「明後日までに資料だけは用意しておく」「来期までに新規の客を3件増やす」などの**小さな目標であれば、達成しやすい。達成できれば、自信もついていく**はずだ。

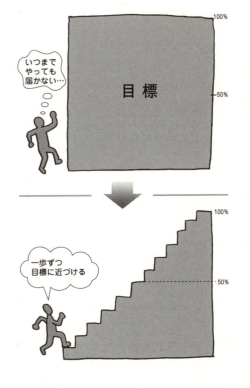

論理力ドリル

質問①

A＜Bで、B＜Cの場合、C□Aになります。
□に入るのは何でしょうか。
3秒で答えてください。

質問②

8個のボールがあります。
ひとつだけ軽いボールが混ざっているので、天秤を2回だけ使って見つけてください。

質問①の答え
＞ が入ります。

質問②の答え
まず、8個のボールを3個、3個、2個に分けます。3個と3個にわけて天秤に計ります。同じ重さなら軽いボールは、残りの2個のどちらかになるので、残りの2個を計ればわかります。また、重さが違った3個のほうなら、軽いほうの3個のうち2個を計れば、どれが軽いボールかがわかります。

STEP 2

「発想力」
アイデアが突然湧き出す頭の使い方

いくら腕を組んで首をひねったところで、いいアイデアはそう簡単に出てくるものではない。そこで、どんどんアイデアが湧き出てくる秘密の思考術を紹介しよう。

すごいヒットを生みだす
"アイデア貯金法"

　通勤電車の中で、急に降って湧いたように次々と仕事のアイデアがひらめいたとする。でもそれが「形にするにはちょっと早いかな？」という場合、あなたはどうするだろうか？

　そのままにしておく人は要注意だ。じつは大きなチャンスを逃しているかもしれない。こんなときは、すぐさま手帳に書き留めたり、スマートフォンや携帯にメモしたり、パソコンに保存したりして、**アイデアを"貯金"しておくべき**である。なぜなら、今すぐに使えなくてもあとになって役立つことがあるからだ。

　一番いいのは、そうしたアイデアを書き溜めておく専用ノート、あるいは専用ファイルをつくっておくことだ。そして煮つまったときや、ヒマなときにそれを繰り返し眺めてみる。

　貯金したアイデアは、時間が経つことで、「ここはもう少しこうしたほうがいい」と**思わぬ"利子"がついて膨らむかもしれない**し、周囲の状況が変化したことで**「今なら実行できる！」と**GOサインが出せる日が来るかもしれない。

　お笑い芸人なら、さしずめ「ネタ帳」といったところだろうが、将来とてつもないヒットを生む可能性だってなくはないのだ。

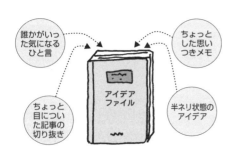

メモに時と場所を加えるだけで「アイデア連鎖」が起こる

アイデアを思いついたら、日時と場所も記録しておくといい。たとえば、通勤電車の中でひらめいたのなら、そのアイデアとともに「○月○日　8：10　電車内」とメモする。

日記や報告書でもないのに、なぜ日時と場所をわざわざ記すのか。それはそのアイデアをあとでもっと膨らますためだ。

人間の脳は一度に1つのことしか考えられない。しかも、これまでに考えつかなかったような発想であればあるほど、そのことで頭が一杯になってしまう。

ところが、**ほとんどのアイデアは偶然ひらめくのではなく、そこにはたいてい発想の引き金となった"何か"がある。**

たとえば、そのちょっと前に並んだコンビニのレジで女子高生たちがしていた会話がキッカケということも珍しくない。

ようするに、**思いつきをメモするときに日付や場所も一緒に書いておけば、そのひらめいた状況や背景も含めて記憶をたどれる**のだ。

すると、「そういえば、女子高生たちはスナック菓子のパッケージを見て話していた。どんなデザインだったのだろう？」と視点を変えてみることができ、まったく違う考えが思いつくかもしれない。

アイデアと日時・場所を併せて記録すると、アイデアの連鎖が起こりやすくなるのである。

1つのネタから複数の アイデアを生みだす㊙メモ術

付せんをメモとして活用することをおすすめしたい。

付せんに書き留めたメモは、手帳に直接書いたものより簡単に組み合わせることができるからだ。異なる時間帯や場所で書き留めた**メモをパズルのように組み合わせることで、何通りものアイデアを生みだすことができる**のだ。

付せんに書くのは1枚につき1項目のみ。

とにかく何か思いついたり、面白いものを見つけたら**付せんに書いて、手帳にペタリと貼っておく**のである。

そしていざアイデアをまとめるという段階になったら、**たまった付せんをグループ分けしながら大きめの紙に貼っていく**のだ。

さらに、付せんを整理すればたまっていた考えが吐き出され、新たなアイデアが浮かんでくるかもしれない。

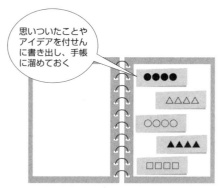

思いついたことやアイデアを付せんに書き出し、手帳に溜めておく

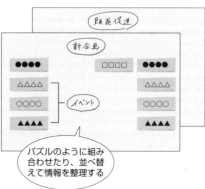

パズルのように組み合わせたり、並べ替えて情報を整理する

"脳内アイデア"を魅力的にさせる「変換装置」

何か1つ**アイデアがひらめいたときは、次に脳内にあるそれをアウトプットする作業が必要**となる。

たとえば、文字にして手帳に書き出す、声に出して隣にいる同僚に話してみるなどである。

もちろん、どちらも正統派のやり方だが、**場合によっては「絵に描いてみる」という方法もぜひ試してみてほしい**。絵にすることで、より客観的に見ることができるからだ。

新商品のアイデアなら大雑把なデザイン画を描いてみればいいし、新たに思いついた仕事のノウハウならフローチャートのように図にしてみてもいい。

頭の中に漠然と浮かんだアイデアでも、絵にして**「形」にすることで、言葉を羅列して難しく説明するよりもその内容がよりはっきりと見えてくる**というわけだ。

●アイデアを絵やフローチャートで描いてみよう！

タイトル	

脳を活性化させる
A4サイズの裏紙メモ

　コピーに失敗したり、間違ってプリントアウトしてしまったA4サイズの裏紙をカットしてメモ用紙にしている人もいるだろう。

　しかし、裏紙はその大きさのままでメモとして使うことをおすすめしたい。脳を活性化させる効果があるからだ。

　この裏紙メモには大きな文字でキーワードを書き連ねたり、ぼんやりでいいから図や絵にして書き込んでいこう。そうすればいつもとは違った発想が出てきたりするものだ。

　たとえば準備段階にあるプロジェクトについての打ち合わせなど、自由な意見を出し合うブレストの場には欠かさずに持っていきたい。自由に手書きできる紙が大量に手元にあると、自分の考えをアウトプットするのに便利だからだ。

　このA4サイズの裏紙は「裏紙入れ専用」のクリアファイルに大量にストックしておくと便利だ。

　たとえば裏紙が入ったクリアファイルを机に立てておけば、会議室で打ち合わせするときにもこのファイルを持っていくだけですむし、それにクリアファイルなら、クリップで束ねておくよりも取り出しやすいというメリットもある。

　さらに、専用のクリアファイルを目立つ色や柄のものにしておけば、しばらく使っているうちに「黄色いファイルを使うときにはブレストの時間だ」などと、色を見ただけで無意識のうちに思考にスイッチが入るようになる。

　脳を活性化させるには、いつもパソコンとばかり向き合っているだけではなかなか難しい。ときにはこのように大判のメモを利用して、**自分の手を大きく動かして、頭の中にある情報をアウトプットしたり整理してみることも必要**なのである。

企画を温めるよりむしろ思いつきをアピールする

アイデアを思いついたら、それをしっかりと形にしたいものだ。そのためにすべきこと、それは**アイデアを周囲に発表すること**だ。「そうはいっても、このアイデアはまだ中途半端だし……」と不安になる気持ちもわかるが、**人目に触れることで不完全な部分が補われる**ことだってある。

「こうしたらもっとよくなるんじゃないか」「いや、むしろ思い切ってこうしたほうが……」と意見が交わされれば、アイデアはよりよい方向へと導かれるものだ。

ビジネスの現場ではよく「タタキ台」という言葉が使われるが、そのつもりで発表すれば気持ちも楽だ。却下されることもあるかもしれないが、自分のなかで温めているだけでは何も始まらない。

さらに、一度却下されたからといって引っ込める必要もない。もらった意見をもとに問題点を改善し、何度かトライしてみよう。

人間は一度見ただけでは印象に残らないものでも、何度も見るとしだいに愛着が湧いてくるものだ。

アイデアもさまざまな人に何度も見てもらうと、厚みが増して優れた「企画」へと成長するのである。

いいアイデアがどんどん貯まる"朝メモ"の法則

　アイデアを生み出すのに、何も特別な能力はいらない。基礎的なトレーニングを積めば、誰でもアイデアマンになれるのだ。

　頭の中で、ひらめきや直感を司る部分は右脳である。だから右脳を鍛えればいいわけだが、その前に覚えておきたいのは、ひらめきが起きやすい状態はどんなときか、ということだ。

　じつは**ひらめきは朝、しかも起床してすぐに訪れる**ことが多い。とはいえ、何かがひらめいたとしても、それをそのまま完璧に記憶することは難しい。

　大切なのは、ひらめいたアイデアをすぐにその場で書き留めることだ。

　人は書くことによってイメージを頭の中に定着させることができる。

　これを何度も繰り返し、積み重ねていくことによってますます右脳は活性化し、「アイデアの種」が蓄積されていくのである。

目が覚めてから起き上がるまでの間がひらめきタイム

- 今日の会議でもっと話し合うことはないだろうか？
- 昨日、答えが出せなかった案件はどう処理すればいいのか？
- 新しい企画の切り口はどうするか…

ひらめいたことはその場でメモする

"怠け上手"になれば名案がどんどん湧いてくる

勤務中にオフィスを抜け出して、コーヒーショップで堂々とお茶でも飲もうものなら、マジメな同僚や上司から大目玉をくらいかねない。だが、この**「サボる行為」こそ「考える力」を養うには必要不可欠**なのである。

いくら日本人が勤勉だからといって1日中デスクに向かっていれば、集中力は落ちて仕事の能率も下がる。おまけにいいアイデアも浮かばないだろう。

そんなときは**いったんすべてを放り出し、自分の思考から仕事を切り離してしまおう。**

それには、場所を変えてお茶を飲む、世間話をする、街を散歩するという、まさに「サボり」の行為が効果的なのだ。

デキるビジネスパーソンは案外「怠け上手」なのである。

クリエイターが大切にする「発想力が高まる瞬間」

アイデアを考えるときに必要なものは何だろう？ 資料やアイデアをメモするツールなどいくつかあるが、何より**必要なのは「誰にも邪魔されずに集中できる場所と時間」**ではないだろうか。

発想力が求められるような仕事は、「さあ」と机に向かったところで都合よくアイデアがポンポンと出てくるものではない。

それに職場のデスクにいれば、電話がかかってくることもあるし、上司に呼び出されることもある。せっかくアイデアの糸口をつかみかけても、その瞬間に消えてしまうことは少なくない。

であれば、通勤電車や打ち合わせ先への移動の時間などを有効に使いたい。電車の規則的な走行音や揺れは、うるさいどころか静まり返った場所よりもかえって気を散らすことなく集中できたりするものだ。

クリエイティブな仕事をしている人たちの体験談などでは「この題材は車の中で思いついた」とか「電車を待っているときに駅のホームで突然思いついた」など、職場以外の場所でアイデアの原案が生まれたということもよく聞く。

ビジネスマンであれば、通勤時間と移動時間は労せずして確保できる貴重な時間だ。車内広告なども参考にして、新鮮な気持ちで考えてみよう。

自分宛てのメールで発想の"トリガー"を溜めておく！

ひらめきやアイデアはどこで生まれるかわからない。

ところが、**ひらめきというものは気まぐれで、あとでじっくり考えようなどと思っているとすぐに手からすり抜けてしまう。**

そんな後悔をしないために、素早くメモする習慣をつけたい。**小さめの手帳やメモ帳を常に持ち歩いて、急にひらめいたことや気になったことを即座に書き入れる**のだ。寝入りばなにアイデアが浮かぶこともあるので、枕元にも置いておこう。

たしかにアナログな方法ではあるものの、図やイラストなども書き入れられるのでけっこう使い勝手はいいのだ。

とはいえ、近ごろは手帳に書き込むなんて面倒だという人も多い。そんな人は、**スマホを開いて、仕事で使う自分のアドレスに、とっさに頭に浮かんだアイデアをメール**してしまおう。

スマホにはメモ機能もあるが、これだとメモしたこと自体を忘れてしまう恐れがある。その点、メールなら見落とす心配はない。

手書きのメモには、後で見て判読できないということがよくあるが、スマホを使えばこういう失敗も減らせるはずだ。自分のアドレスを簡単に呼び出せるように登録しておくのがコツだ。

文字としてメモするだけでなく、見つけたものを撮影してもいい。**気になったことや"引っかかり"を覚えたものは、文字でも図でも画像でもいいので片っ端から記録しておく**のだ。

こうした記録1つ1つはアイデアの断片でも、何度も見ているうちに何か思い浮かぶかもしれないし、いくつかの組み合わせで新たな発想が生まれる可能性だってある。

"発想のトリガー"となる事柄は多いに越したことはないのだ。

アイデアがポンと浮かぶ「感動力」の身につけ方

　誰もが一目置くような学歴があるのに、実社会では今ひとつ冴えない。みんなが知らないような知識をたくさん持っているのに、いざ会議となると使い古されたアイデアしか出てこない――。

　こういう人は、本人が思っている以上に思考力が欠けているのかもしれない。なぜなら、なまじ他人より**知識を多く持っているぶん、「好奇心」や「感性」を失っているかもしれない**からだ。

　たとえばこういう映画マニアの人はいないだろうか。ミニシアターで上映される他の人が知らないようなマニアックな映画を好み、ハリウッドの大作などは端から観ようともせず、それを観て「感動した」という人々を見下したりするような人。これは、「ハリウッド映画」＝「つまらない商業主義の映画」と決めつけ、自分の感性を磨くことを放棄しているのと同じなのである。

　素直に行動し、素直に感動する力を身につけると「どこが素晴らしいか」「どうやって創ったのか」と、自然に「考える力」へとつながっていく。

　仕事においても、詰め込んだだけの知識で頭でっかちなだけでは、いざというときに機転が利かなかったり、これといったアイデアを提案できなかったりする。

　決められた仕事をこなしてはいけても、自分の頭で考えて行動する力が欠落していくのだ。

　知識は知恵とは異なる。活用しなければ、ただの情報で終わってしまう。もし思い当たるフシがあるなら、**「知識の量」は「考える力」に比例しない**ことを肝に銘じよう。

　そして、何事にも新鮮な気持ちで感性豊かに取り組むことを心がけたい。日々の暮らしの中でこそ、感性を磨きたいものである。

次々とヒットを飛ばす人の意外な「目のつけどころ」

考

世の中には自ら発明した商品で特許をとり、あっという間に億万長者になるような人がいる。こうした特許商品の共通点は**「日常生活の不便を解消してくれる優れモノ」**であるということだ。

実際、ある便利グッズで莫大な売上げを手にした主婦は、家事の中で不便に思うことを日ごろからノートに書き溜め、そこから商品を考えていったという。

この**"必要は発明の母"**という考え方は、ビジネスでも役に立つ。

新しい商品や企画を提案するときは、ターゲットとなる消費者が「あったらいいな」「こんなものを待っていた」と思えるものを第一に考えるといいのだ。

考え尽くされたと思っていても、改めて見直してみれば世の中には不便なことはまだまだ転がっている。

肝心なのは「目のつけどころ」なのだ。

身近な「不平不満」の中に企画のヒントが眠っている

　世の中にはとにかくグチっぽい人がいる。何につけても不平不満を口にして、いつも眉間にシワを寄せている人だ。

　そういう人と一緒にいるとマイナス思考がうつりそうだから、できるだけ避けたいと思うかもしれないが、じつは**人の不平不満の中にはアイデアにつながるヒントが満載**なのだ。

　不平不満とは、ほとんど間違いなく今、目の前にあるものがその対象となっている。遠い未来のことを想像して不満をいう人はあまりいないだろう。

　となると、その**不満を解消できるアイデアがあれば、そのまま商品化にもつながるし、営業戦略のツールとしても活用できる**のだ。

　ストレートに聞くとうっとうしい不平不満も、そうしたアンテナを張って聞けばまさに宝の山なのである。

グチはヒントの宝庫

- まったくもう、なんで毎日雨ばっかり…
- 洗濯物は乾かないし
- クサくなるのもイヤだよね～
- 部屋の中だってジメジメするでしょ
- なのに子どもは汚してくるし
- サッと乾く子ども服ってないよね～
- だいたい洗濯ってもっとラクになんないのかな…

いただき！
・部屋干し洗剤
・除菌スプレー
など

いただき！
・スポーツ素材
・速乾シャツ
など

考えに行き詰まったら訪れたい「場所」とは

新しいアイデアが思いつかず、考えに行き詰まったらどうしているだろうか。こんなときにぜひ試してほしいのが、近所の本屋をぶらりとのぞいてみることだ。

　なぜなら、書店は"いま"という時代を映し出す鏡だからだ。

　たとえば、「アウトドア女子で行こう！」とか「今読み直したいビジネス名著」という見出しから「アウトドアは最近は女性の間でも人気」だと想像できるし、「ビジネスの古典を読んで何かを学ぼうとしている人は多い」ということを推測できるだろう。

　また、売れ筋の書籍が並んだ書棚の前に立ち、本のタイトルから時代のキーワードを自分なりに考えてみてもいい。

　たとえば「○○する技術」「○○力」などの言葉が目立つと感じたら、それらの本を手に取って目次を見て、気になる内容をチェックしてみる。そこから新しいアイデアに結びつくことがあるかもしれない。

　このように、**書店を利用するときは好きな分野の売り場だけに行かずに、店内全体をアイデアを生み出す"宝箱"として考えてみる。**

　すると、今まで考えもしなかったことを思いつくヒントに出会えるかもしれないのだ。

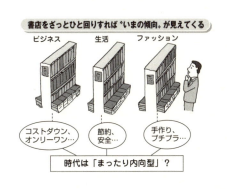

発想力ドリル

質問①

イソップ物語に出てくるアリは夏の間、コツコツと働いて食べ物を蓄えました。反対に、キリギリスは大好きな歌をずっと歌っていたのはご存じでしょう。ところで、あなたがキリギリスだったら、食べ物のない冬をどうやって過ごしますか？

質問②

いつもタクシーを使っている人が、「手を挙げずに、タクシーを停めてみせる」といいました。本当にできると思いますか？

質問①の答え
答えはひとつではありません。たとえば、「多目的ホールをタダで借りて、冬の間に布団にくるまりながら、その人たちの歌を歌って暮らす」などがあります。

質問②の答え
できる。（そのタクシーの運転手をやとう）

STEP 3

「判断力」

物事を速く正確に見極める力

情報の整理はビジネスの基本だ。固定観念にとらわれず、また余計な情報に惑わされずに、正しい推察と判断をするためのテクニックとは。

「第一印象」が人の思考を鈍らせるのはなぜか

　自分の考えに信念を持つことは大切だが、それに固執するあまり他人の考えを受けつけない頑固者になってはいないだろうか。

　人はあとから入ってきた情報をなかなか受けつけないという性質を持っている。初めて見たものや、初めて会った人の印象を変えることがなかなかできないのもそのせいである。

　けっして"先着順"ではないのだが、**2番手の情報は軽んじられる、あるいは疑わしく思われる傾向がある**のだ。

　だが、そもそも最初に知り得た情報が正しいとは限らないし、正しくてもそのときによって事情が変わったり、誤った解釈をしたりしていることもある。

　よりよい判断をするためにも、あとから入ってきた情報はけっして無視せずに、まずは受け入れて検討するような余裕を持ちたい。**「2番目の情報＝疑わしい情報」ではなく「最新情報」**だととらえ、その真偽を自分で確かめればいいのである。

　自分の知識が正しいと思い込んでいると、いつまでも古い感性から抜け出せない。ここぞという場面で判断を見誤らないためにも注意したい。

自分だけの狭い価値観から一瞬で抜け出す方法

自分の頭だけで考えたものは、本人の経験や知識、価値観の範疇からしか生まれない。独りよがりな判断をしないためには、できる限り客観的な視点を持つことが大切である。

そこで、まずは「○○さんだったら、どう考えるだろうか」と**想像**してみてはどうだろうか。

イメージする人は誰でもいい。自分とは正反対の立場に立つ人やまったくの門外漢を思い浮かべても、意外と参考になる。

もちろん、想像したところで的確な答えが出てくるとは限らないが、**自分の中に他人のイメージを置くことで、少なくともこれまでとは異なる視点が生まれる。**

自分とは異なる価値観に触れることもときには必要なのである。

「思い込み」で判断しないための最重要ポイント

　社会人としてさまざまな仕事をこなしていると、しだいに自分のやり方ができ上がってきて、ある種の"必勝パターン"のようなものが確立されてくる。

　ところが、そればかりにとらわれると、やがてそのやり方が絶対的に「正しい」と思い込んでしまいがちになる。

　万が一、その必勝パターンが崩れるようなアクシデントがあってもなかなか修正できず、今度は「こんなはずはない。自分のやり方は正しい」という思いから抜け出せなくなってしまう。

　ここで確認しておきたいのは、**「物事を正しいかどうかだけで判断するのは危険」**だということである。同じ仕事でも内容や相手が変われば、セオリー通りに進まないのはよくある話だ。

　それにもかかわらず、目の前で起きている「事実」よりも「自分の中の正しいやり方」を貫き通すのは、きわめて視野の狭い考え方である。たとえその事実が自分にとって不利な内容であったとしても、それをきちんと受け入れて自分の考え方を修正することこそ必要なのである。

　正しいか、正しくないかよりも、現実に存在する「事実」のほうが大事だということを認識すべきなのである。

凝り固まらずに、事実を見つめる

- 本当に今まで通りでいいのか
- 他に最適な方法があるのではないか
- 相手が言うやり方のほうが正しいのではないか…

会議は「判断力」を養う最高の場所である

世の中にはどんなことでも白黒をハッキリつけたがるような人がいるが、「考える力」を養うという意味では、**答えは必ずしも1つではなくていいのだ。白と黒だけではなく、どっちに転ぶかわからないようなグレーの答えがたくさんあってもおかしくはないのである。**

必ず正解がある数学とは違い、「人間の考え」はタイミングやシチュエーションでいくらでも変わる。

10人いれば10通りの考え方があるだろうし、的外れな答えでも誰もが驚く可能性を秘めているかもしれない。

それを無理やり1つの答えに導いたり、少数派の意見をバッサリ切り捨てたりするのはあまりにも短絡的だ。

大切なのは、1つの答えに導くよりも物事を多面的にとらえ、その本質がどこにあるのかを理解することだ。

会議で出た意見をすべて書き出してみよう!

大切なのは顔の見えない多数より身近な少数意見

マーケティングにはインターネットの情報が欠かせない。しかし、その情報が必ずしも"本音"であるかどうかは疑わしい。

というのも人は能動的に、つまり**自分から積極的に人に何かを伝えようとするとき、「少しでも上手に伝えたい」という気持ちから、自分の意見に多少の脚色をつけてしまいがち**だからだ。

ある程度の役職に就いた人なら、どの企画を採用するのか、どの人材を登用するのかなど、会社の将来を決定しかねない判断を委ねられることも少なくない。

そうしたときに、人を納得させる理由を挙げて**決断していくのがうまい人**がいるが、彼らは得てして**インターネット調査のような顔の見えない"大衆の声"**をサンプルにしてはいない。

彼らが聞いているのは、もっと身近な人間の声だ。会社の同僚や部下、妻や友人であったり、ときには子どもであったりする。

これまで築いてきたネットワークの中から、的を射た話を聞かせてくれそうな人をピックアップし、直接意見を求めるのである。

たとえ少数でも生の声を聞くと、大手のマーケティング会社でもリサーチできないような判断基準が見えてくることもあるのだ。

判断に困った時の「お助けリスト」
※実際に意見を仰ぎたい人の名前を書きましょう。

あまり思いつかなかった人は
ネットワークを広げる努力を！

集中力を最大限に高める「環境」のつくり方

物事を集中して考えるには、環境づくりも大切だ。机の上が散らかっていたのでは、余計なものに意識をとらわれてしまって、解決しなければいけないことに集中しづらくなる。

ところが、机の上の整理整頓というのは、実行してみると意外と難しい。**どの書類をどんなふうに整理すれば使いやすくなるのか、正解はわからないからだ。**

そこで心がけたいのが、「捨てる」というシンプルな整理のしかたである。書類がいつのまにか机の上に溜まってしまうのは、「いつか何かに使うのではないか」という気持ちが働くためだ。

たしかに、なかにはめったに手に入らない資料もあるだろう。ところが、そういうものに限って使う機会がほとんどない。場合によっては、そんな書類や資料があったことすら忘れてしまうことは珍しくない。

それならば、「使う可能性が低い」と考えられる書類や資料は、思い切って捨ててしまおう。

書類や資料の整理に時間をかけるよりも、そのほうがよほど効率的に整理整頓できる。

こうすれば、余計なものが目に入らなくなることで集中力も高められ、考えもまとめやすくなるはずだ。

誰にも思考の邪魔をさせないバリケードの築き方

　そもそも会社で仕事をするということは、自分以外の人と一緒に机を並べて仕事をする状況に身を置くことでもある。ときとして仕事に邪魔が入るのは当たり前のことである。

　かといって、気分がのっていて作業に集中しているときに電話がかかってきたり、上司から別の用事を頼まれたりしたら、せっかくの集中力も途切れてしまう。ひとたび途切れた集中力を再び高めるのは至難の業だ。

　だが、そのような環境下にあっても、**適切な対処のしかたを知っていれば、前向きな姿勢で再び仕事に取り組むことができる。**

　何時間か集中して仕事に取り組まなければならないときには、前もって周囲の人にそのことを伝えておくようにするのである。

　電話がかかってきても、かけ直すと伝言してもらえばいい。「今は作業に集中している」ということを知っていれば、何か用事を頼みたいときでも遠慮して他の人に頼むかもしれない。

　ようするに、**作業を中断されないために前もって上手に"バリケード"を築いておく**のだ。

　とはいっても、作業を中断せざるを得ないこともあるだろう。そんなときは、「休憩時間をプレゼントされた」と思って開き直るしかない。ここで「作業を中断させられた」というふうにネガティブにとらえると、後々の作業に支障をきたすことになる。

　人間の集中力には限界がある。たとえ中断されずに作業を続けていられる状況であっても、1～2時間に1回程度は休憩をとったほうが集中力はアップするのだ。

　リフレッシュした頭で再び作業に取りかかれば途切れた集中力も取り戻せるわけだ。

結論が出ないときは「目先のこと」を考えるといい

どうしようもない堂々巡りに陥ったとき、改めて見直してほしいのが「自分はどのくらい先のことを考えているか」ということだ。

もしも、見えもしない5年後や10年後のことばかりを想像しているとしたら、それはいささか非現実的な考え方だ。

今後の見通しをはっきり立てたいのなら、いきなり10歩も先ではなく、まずは比較的簡単に見ることのできる1歩先、つまり**「目先」のことについて考えたほうがいいときもある**のだ。

たとえば自分の将来を考えたとき、5年後の自分を想像して果たしてどれだけのことがわかるだろうか。それよりは1年後、あるいは半年後くらいのことを想像して、今やるべきことを見出したほうが結果としてうまくいったりする。

仕事でも、企画や製品の10年後の姿を想像するより、**とりあえず世に出してみて1年後の反応を予測するほうがよほど大切**だ。

もちろん、その日のことを考えるだけで精一杯というやり方には問題がある。

だが、先の先ばかり見ていては、どちらに進めばいいのか方向性もつかめない。

一歩ずつクリアしていけば、やがてその先のことは自然と見えてくるはずだ。

判断力ドリル

質問

1円玉の直径は何センチでしょう。
次の3つの円から選んでください。

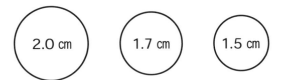

答え
いちばん左側の円です。
1円玉の直径は2.0cmです。人は価値が低いもうから、段々価値が高いものが、小さく見えてしまうようです。5円玉は2.2cm、10円玉は2.35cm、50円玉は2.1cm、100円玉は2.26cm、500円玉は2.65cmです。

STEP 4

「問題解決力」

トラブル・ミスを結果につなげる考え方

ビジネスにおいてトラブルはつきものだ。ならば、問題をすみやかに解決する思考が欠かせない。問題解決の達人たちにそのテクニックを学びたい。

"細分化思考法"で解決策がサクッと浮かぶ

　任された仕事が思うように進まず、このまま続けていいものかどうか迷ったときは、それまで自分がやってきた仕事の内容を振り返ってみよう。

　大切なのは、それまでの仕事の**「何がよかったか」と「何が悪かったか」を細かく抜き出し、細分化して考えること**である。

　たとえば、取引先がこれまで進めてきた商談を急にキャンセルしたとしよう。大まかな部分では合意に達していても、詳細を詰めるうちに相手に不利益をもたらしていたり、納得のいかないような条件が含まれていたのかもしれない。

　取引価格については申し分ないのだが、納入する商品や期日に相手が不満を持っていたのかもしれない。

　こういうふうに考えを進めていくと、たとえば"ドタキャン"の理由がじつは取引条件ではなく、予想もしていなかった意外な理由だったりするものだ。

　問題点が明らかになったら、あとはそれをクリアするように努力すればいい。

　仕事を遂行するうえで**重要なのは、問題を出さないことではなく、問題を解決する方法を知っているかどうか**なのである。

何がよかったか	何が悪かったか
アポのとり方 商品 価格 値引き	A社キャンセル 納期…1週間のズレ 納期を交渉するとき、B部長が留守だった クロージング 最終確認をB部長と直接できなかった

問題を効率的に解決する「4つの工程」

問題が生じた場合、最も効率よく解決に導くためには、4つの基本的な流れに沿って対策を立てるといい。

①"小分け"して「数」を出す

まず、問題を"小分け"にして、最も効率のいい改善策を見つける。それには、**3つの「なぜ？」を繰り返す**といい。

最初に、「なぜ売れないのか」という理由を3つ考え、さらに、その3つの理由それぞれに新たな「3つのなぜ」を加えていくのだ。すると、問題のウィークポイントが見えてくる。

② 工程表を作成する

問題を解決するための**リサーチを行い、解決に向けて工程表を作成**していく。ちなみにこのステップでは、情報はただ集めるだけでなく、それを分析することも重要な作業になる。

③ 解決に取り組む

リサーチした結果や分析データなどを**チェックしながら解決に着手**する。注意したいのが、問題の本質を絶えず把握しながら取りかかることだ。そうすれば間違った方向に進んでも修正がきく。

④ 解決策を実行する

注意したいのは、結果を出そうとして同じやり方を続けてしまうこと。見込みのないプランはプランそのものを見直す勇気が必要だ。1つの方法に固執せず、臨機応変に対応するほうが成功する確率はグッと高まるのだ。

考えに行き詰まったら試したい "逆転発想法"

　いくら考えても解決方法が見つからないような難問に突き当たってしまったら、一度それまでの考え方をやめて、事実関係を"**逆さま**"にして見てみるといい。すると、それまでの先入観が消えてまったく新しい視点で物事を見ることができる。

　この「逆転の発想」で大成功を収めた例を紹介しよう。

　日本のある金型メーカーは、製造コストの安い低価格の輸入品が登場した際、普通なら工場の製造ラインを自動化し、製造コストを少しでも抑えるところを、それとは正反対に製造コストのかかる手作業を増やした。

　そして、輸入品では真似のできない特長を持った高額商品をつくり出したのだ。

　つまり、価格で競争するのではなく付加価値を高めることで、見事にライバルとの競争に勝利したのである。

　このように逆転の発想を日ごろから心がけると、これまでの常識にとらわれない次の一手を思いつくことができるのだ。

世の中に追随するだけで生き残れるか？

⬇

むしろ、その裏を狙ったほうが独自性をアピールできることもある！

みるみる問題が解決する「3色ボールペン」の法則

仕事のトラブル処理には3色ボールペンを活用したい。

たとえば、取引先があなたの会社のサービス態勢に不満を持っているとしよう。まず黒のインクでそのことをノートに書き留める。

このとき、「商品がいつ届くのかわからない」「納期を問い合わせても要領を得ない」というように、できるだけ"生の声"を拾って書き留めるようにしたい。

次に、取引き先の話から推察できる問題点を洗い出す。そうしたら、今度は青インクで「商品の配送の連絡が不十分」「納期の管理が不徹底」などと問題点を書き加えていく。

黒字と青字を使い分けることで要望や問題点が明らかになるのだ。

そして、対応策がまとまったら、赤インクで「注文書に納期の記入欄を設ける」「誰もが納期を調べられるシステムにする」などと書き加えていく。

こうして**黒、青、赤の3色を使い分けることで解決までの流れがひと目でわかるように**なるのだ。

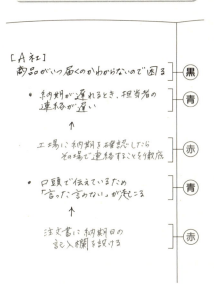

色分けすると「要望」「問題点」「対応策」がひと目でわかる

問題解決がうまい人は数字の読み方もうまい

詳細な数字が記された資料を会議で配られたとしよう。あなたはどのように資料を読むだろうか。

数字ばかりが並んでいると、数字の変化にとかく目を奪われがちだ。しかし、**データを見るときはそれぞれの数字を追うのではなく、まず"全体像"を把握すること**から始めたい。

たとえば、ある月の売上げデータが配られたとする。ここで最初から細かい数字に注目すると「この日の売上げが少ないのは雨が降って客が少なかったから」「この日はバーゲンセールをしたので売上げが多い」というように、個々の数字だけを考えてしまう。

これでは、その月の売上げの傾向など大きな流れを見過ごしてしまう。せっかくのデータも活かすことができない。

そこで毎日の売上げの推移を見るのではなく、合計額を見る。そして、その合計額が前年の同じ月や前の月と比べて、増えているのか減っているのかをチェックするのだ。

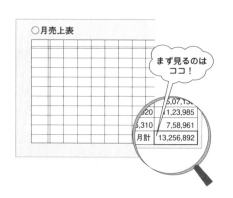

もし減少しているようなら、ここで初めて1日1日の売上げの変化を見る。そしてなぜ減少したのかその理由を分析すればいい。

このように、**問題解決がうまい人は、数字の読み方も知っている**のである。

プレッシャーを自信に変える「思考切り替え」の技術

　誰にでも苦手な取引先が1社や2社はあるものだ。それも担当者が納期にうるさく、しかも何かにつけてすぐに値引きを要求してくるようなタイプだと、仕事も自ずとやりづらくなってくる。

　そんなときは**相手の「苦手な部分」ではなく、「長所」に目を向ける**といい。

　たとえば「納期にはうるさいが、それさえ守ればどこの取引先よりも評価してくれる」「値引きは要求するが、そのぶん商品は他社よりも多く買ってくれる」と、**「いい部分」に目を向けてみるのである。すると、「より評価されるようになろう」という積極的な気持ちが働く**のだ。

　人は誰でも問題にぶつかると、それを克服するために「〜をしなければならない」と考えるようになる。克服するハードルがあまりに高いようだと、逆にプレッシャーとなり、「本当にできるのだろうか」という思いが芽生えてしまう。しかも、その思いがより強くなるようだと、今度はしだいに自信を喪失してしまう。

　こんな場合は、解決の糸口になる部分を見つけて、なるべく「やってみよう」という発想に切り替えたい。問題の解決に一歩近づけるはずだ。

相手の悪いところを隠し、いいところを見る

納期にうるさい	どこの取引先よりも製品を評価してくれる
値引きの要求が激しい	他社よりも多く買ってくれる
担当者が細かい	決定権を持つ担当者なので話が早い

冷静さを失ったときに効果抜群の"カリカライズ"

　上司から一方的に叱責されると、つい冷静さを失い、強く反発してしまいがちである。

　こんなときに冷静でいるためには、上司の話を聞いている自分の姿を"カリカライズ"してみるといい。

　カリカライズとは"漫画化"のこと。つまり、自分の置かれている状況を漫画にして客観的にとらえてみるのである。

　たとえば「上司から理由も聞かれず怒られて、ただひたすら耐える部下」というような設定の漫画にして、その場にふさわしいコミカルな絵と"説明文"を考えるのだ。

　すると、自分を漫画化したことで気持ちがいったん切り替わる。

　さらに、そこに加える説明文を考えることで、自分の立場を客観的にとらえるゆとりが生まれる。

　相手の言葉にカッとして頭に血が上っている状態では、仕事もうまくいかない。そんなときにぜひ試してもらいたいテクニックである。

難敵の攻撃をうまくかわすオレ…

トラブルを未然に防ぐ「問題解決ノート」のつくり方

　仕事上の失敗は誰にでも1つや2つはあるものだ。もちろん、失敗したからこそ大事なことが学べたということも少なくない。だが、同じ失敗を何度も繰り返すのはよくない。

　そこで、トラブルの再発を防止するために、日ごろから「**問題解決ノート**」をつけるようにしたい。

　自分が関わったトラブルはもちろん、同僚や部下が起こしてしまった問題なども、その**原因と解決に至るまでの経緯を事細かにノートに記録しておく**のだ。

　この問題解決ノートには、まずトラブルの起きた日時とその内容を記入し、いつ、誰が、何を、どんなふうにしたらトラブルに発展したのか、また、原因は何だったのか、その事実関係をできるだけ正確に書く。

　次にどのように問題に対処したのか、相手の反応はどうだったか、これも時間を追う形で書き残しておくのだ。

　このような**記録ノートをつくっておくと過去に起きた失敗の原因が把握できる**うえ、日ごろから何に心がけて仕事を進めていけばいいのかがわかるようになる。

　また、こうした情報を社内で共有することで意思の疎通も図れるし、**同様のトラブルが起きたときも過去の事例を参考にして速やかに対処できる**ようになる。

　問題解決ノートは失敗した直後よりも、気持ちがある程度落ち着いてものごとを客観的に見られるようになってからつけたほうがいい。冷静な気持ちで振り返ってみると、今後とるべき行動がはっきりと見えてくるからだ。

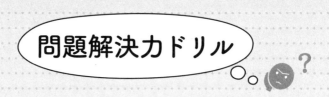

問題解決力ドリル

質問①

客からクレームの電話があり、「責任者を出せ」の一点張りです。さて、どんな対処方法が適切ですか？

質問②

「納品した商品に破損があった」との連絡が先方からありました。まず、はじめにいうべき"ひと言"は？

質問①の答え

「長年の実績がありますので、どのようなご要望にも応えていただけますか？」

担当者にとってたくさんを伝えるよりも、謝罪を書きます。詳細を聞かずに断ってしまい、もし担当者が間違っているようだと、さらに相手の怒りが増してしまうからです。

質問②の答え

「お怪我はなさいませんでしたか？」

まず相手の身体を気遣うことで、相手の怒りが和らげます。あらためて相手には相手の身体を気遣うことで、無事を確認します。

その上でお詫びの言葉を述べます。

STEP 5

「戦略的思考」

「次の一手」で差をつける思考法

相手より半歩先を歩き、有利にコトを運びたいなら、常に先を見通した戦略的で有効なプランを立てることが必要だ。ライバルに差をつける戦略思考の磨き方を学ぼう。

完璧を目指さない姿勢が次の一手を生む

　何か行動を起こすときに、「やる以上は100パーセントを目指す」と決心したことのある人は多いだろう。しかし、この**「完璧を目指す思考」に落とし穴がある。**

　なぜなら決意したはいいが、そううまくはいかないとわかった途端、「完璧にできないのなら、やってもしかたない」と、気持ちが萎えてしまうからである。

　では、現実をあらためて考えてみよう。物事を100パーセント達成する人などそうはいない。50パーセント以下のこともある。だからといって、それによってその人の評価がすべて決まるわけでもない。

　だからこそ**大事にしたいのは、"ほどほどの発想"**である。

　客観的に考えて、もし「60パーセントまでしかできない」と判断したらそれを冷静に受け入れ、「その60パーセントを実現するためには、具体的に何をすればいいか」を考えるのだ。

　現実を肯定的にとらえて考えるとは、こういうことなのである。

意味と価値を180度変えてしまう方法

　春から夏へと向かう時期の気温といえば20度前後だが、これを「ずいぶん暖かくなった」と感じる人も多い。ところが、秋口の20度は同じ気温なのに「肌寒い」と感じることがある。**気温自体は変わらないのに、体感的にはまったく逆**になる。

　あるいは、**同じニュースを扱っても、新聞によっては書いてある内容が全く正反対**だったりする。なぜ、こんなことが起きるかといえば、それは思考や感覚の分母が違っているからである。

　たとえば、簡単な分数で考えてみよう。150人の2分の1といえば75人だし、3分の1なら50人といった具合に、分母が変われば答えは違ってくる。

　これを前述した気温の例に当てはめてみると、20度が分子、春と秋が分母となる。分母が春か秋かで、その気温が持つ意味あいが大きく異なってしまうのだ。

　思考における分母とは、つまり視点のことを指すのである。

　そこで、斬新なアイデアを生み出したいときは、分母を変えてみるといい。**立場によって考え方や価値観は異なると意識して別の側面から考えてみる**と、今まで見えなかったものが見え、思いがけない発見ができるかもしれない。

　温めていたアイデアに新たな視点を加えることで"幅と厚み"を持たせることもできるのだ。

　男性と女性、若年層と高齢者のように対極から見てもいいし、ちょっとだけ視点をずらすだけでもかまわない。

　多角的な視点でものごとをとらえることができれば、発想はよりいっそう個性的で豊かになるのだ。

説得力がグンと増す「数字」の見せ方・使い方

　ビジネスの現場では、常に大きな数字に慣れておく必要がある。たとえば「2,530円の商品が5,327個売れたときの売上げ」といわれて、もちろん正確な数字はすぐに出てこないにしても、それが何百万単位の話なのか、あるいはそれ以上なのかくらいは、すぐにピンとくるようでなければ失格である。

　このように**「大きな数字を感覚的にとらえ、それに慣れておく」**ということは、仕事の話をする場合に**「それだけ大きな規模で話ができる」**ということでもある。

　たとえば、利益を「仮定」で話す場合でも、大きな数字を使えないとその人そのものが小さく見えたりする。

　何も大風呂敷を広げろとはいわないが、大きな数字を使って考えたほうが相手の手応えが違ってくる。

　大きな数字を使って話ができると、それだけ大きなビジョンを描くことにつながるし、顧客に与える安心感や満足度も変わるのだ。

だいたい計算ドリル

★次にあげる計算のだいたいの答えを出してみよう。

3,980×10,000≒ ____

2,580×5,000≒ ____

3000万×40≒ ____

1500万×9≒ ____

3800万×0.15≒ ____

1億 - 325万≒ ____

5000万 - 520万≒ ____

1億1000万 - 2億≒ ____

800万÷30≒ ____

1億7000万÷5≒ ____

ヒットの裏に隠された
テストと実験の思考戦略

「こんなものが売れるの？」「まさかあれが大ヒットするなんて」——。そんな"まさか"が珍しくない時代だ。一方、商品やサービス、消費者の好みが多様化しているなかで、ヒットを生み出すのは難しい。

こんな時代にモノをいうのが、先を読む力とそれを予測する能力だ。といっても、勘や当てずっぽうでは意味がない。そこには第三者が客観的に見て納得できる根拠が必要だ。

そこで**注目されるのが「テスト」や「実験」**だ。たとえば新商品を世に送り出す前に、商品のテスト販売や先行販売を行ってみたり、数量限定で製造して、アンテナショップやショールームに置いてみるといったことである。

重要なのは、消費者の生の声とダイレクトな反応を知ることだ。それが、成功か失敗かを知るうえでの重要なカギとなる。

手間と費用はかかるが、やるだけの価値はある。大きな利益につながることもあれば、大きな損失を回避することもできるのだ。

商品テストは、場合によっては最も身近な市場である自分の会社で行ってもいい。

たとえば、オフィスで使う新しい商品を売り出す場合、まず試作品を自社内で使ってみる。そして、その商品の便利さや手軽さなどの生の声を聞く。

もちろん自社製品だから厳しい意見もあるだろうが、逆に長所は積極的に評価されるはずだ。そしてその評価が、他社に売り込むときには自信を持って強くアピールできるポイントになる。

テストや実験で現実的な裏付けを探して確証を得る。これこそが本当の意味での**「リスクの回避」**である。

嫌な仕事がサクサク進む「テーマ設定法」

　楽しいと思えない仕事は、意欲が湧かず、能率も悪くなる。根本的な理由は、そこにテーマや目標がないからではないだろうか。

　昔、ある国の刑務所で次のような刑罰が実際に行われていた。囚人に大きな穴を掘らせる。掘ったら今度はそれを埋める。そしてまた掘るという作業を繰り返すというものだ。

　単純作業なので刑罰には思えないかもしれないが、人間にとってこれほどの苦役はない。ムダなことを強制的にやらされることは、何よりも苦しいことなのだ。

　だから、**目の前の仕事を楽しめない、意欲が湧かないと思ったら自分でテーマを設定することがポイント**である。

　そのテーマとして「速くやる」にはどうすればいいかを考えるというのは、まさにうってつけだ。

　仕事を速く進めるためには、仕事全体を改めて見直し仕事の本質を考え直さなければならない。すると、それまで見えなかったものが見えてくるのだ。

　効率的に考えることで少しでも時間が短縮されれば、「自分でもここまでやれた」という大きな達成感を感じることができる。

　問題は「何を」がんばるか、そのためにはどうすればいいかを「考える」ことなのだ。

単純作業はタイムトライアルで効率アップ
- コピー取り
- 領収書の作成
- 単純な入力作業
- 封書の作成

など

単純作業を確実にこなす「キッチンタイマー時短術」

　アンケートの集計やDMの宛て名づくり、大量のコピーをとるといった単純作業は、漫然と進めているとしだいに集中力が低下して、効率が落ちたりミスにつながったりする。

　このように、なかなか集中できないときに活用したいのがタイマーだ。

　たとえば、**タイマーで30分間セットしてから作業を始めるとタイマーが鳴るまでに終わらせようと集中力が高まり、効率よく作業をスピードアップさせることができる。**

　さらに、これを続けて集中力を高める訓練を続けていくと、タイマーがなくてもスピードアップできるようになっていく。

　効果が上がるのが目に見えて表れてくれば、モチベーションもいっそう高まってくるだろう。そう考えると、タイマーは単に時間を計るためだけの道具ではないのである。

　また、**残り時間を音声で知らせる「カウントダウン時計」**も試してみよう。

「残り時間はあと10分……」などと声が聞こえると、まるでゲームをしているようで、苦手な作業でもやる気はアップするはずだ。

　ちなみに、厚生労働省がまとめたディスプレイやキーボードを使った人向けの「VDTガイドライン」によると、パソコンの利用は1時間に約10分の休憩をするのが理想的だとされている。

　目や腰への影響はもちろん、集中力も途切れがちになってしまうからだが、そんなときにもタイマーを使って作業時間を決めておけば意識的に休むことができるのだ。

嫌いな仕事は「まず5分」 考えてみるだけでいい

　誰にでもやりたくない仕事というのはある。気乗りのしない仕事はどうしても後回しにしてしまいがちだ。

　しかし、いつまでもやらないでいると、ずっと「やらなければ」という思いがつきまとい、気が重くなるものである。

　なかなか着手できない仕事というのは、どこから手をつけていいのかわからないことが原因だったりするものだ。

　そこで、まずとっかかりを見つけるために「とにかく5分だけやってみる」のである。

　とにかく机の前に座り、仕事の資料を広げてみる。そして5分という時間を決めてとりあえず着手してみる。その仕事に関するキーワードをインターネットで検索するだけでもいい。

　嫌いな分野の内容でも5分くらい考えていると、漠然としていながらも何となくまとまりのある考えが浮かんでくるものだ。

　その考えがきっかけとなって調子が出てきたらこっちのもの。**嫌な仕事だと敬遠していたものが、じつは食わず嫌いなだけだったということも往々にしてある**からだ。

　とはいえ、5分間続けても調子が出ないときは、時間を置いて再チャレンジする潔さも必要である。

ポジティブ思考をクセづける「しぐさ」の法則

何事も積極的に考えて行動するとうまくいくものだ。たとえば、商品を売り込むときに「必ず売れる！」と考えれば、自信と説得力が生まれ商品も売りやすくなる。

ところが、反対に「本当に買ってくれるのだろうか」とネガティブ思考になると、どことなく弱気になり、売れるはずのものも売りづらくなってしまう。

ところが、人の性格は複雑で、心の中でただ「前向きに考えよう」と思うだけではなかなか変わらない。

人の心には「積極型部分」と「消極型部分」の2つが併存しており、どちらが強く出るかは日ごろの考え方でクセづけられているからだ。

積極型部分を強く出したいのなら、背筋を伸ばして颯爽と歩き、笑顔を絶やさないようにする。不思議と自然に自信が湧いてくるはずである。

自分が当てはまっていると思う項目をチェックしてみよう

人と話すときに口に手を当てる	歩幅が大きい
知り合いとすれちがうとき、目礼だけをする	話すときは、相手の目を見て話す
猫背だと言われる	背すじを伸ばすことを意識している
話し相手の目を見るのが苦手	大きな声であいさつをする
最近あまり笑っていない	最近、感動したことがある

▼ チェックした数　□個

▼ チェックした数　□個

※左の項目にチェックした数が多かった人は要注意。「積極型部分」を意識的に出すように心掛けよう。

質問①

物事を戦略的に進めるためには、まず情報収集が大切です。一般にいわれている次の 5W1H のほかに、さらに 1W2H を加えるとしたら何を加えますか。

$$5W1H \begin{cases} Who \\ What \\ When \\ Where \\ Why \\ How \end{cases} +1W2H \begin{cases} W\underline{\qquad} \\ H\underline{\qquad} \\ H\underline{\qquad} \end{cases}$$

質問②

今から 10 年間で 1000 万円貯蓄することを目指すとします。あなたなりの方法を考えてください。

質問①の答え
5W1H「Who (誰が)」、What (何を)、When (いつ)、Where (どこで)、Why (どうして)、How (どのように)」に、「Whom (誰に)、How many (どのくらい)、How much (いくら)」を加えて 6W3H にします。

質問②の答え
一例として、夫婦共働きです。コツコツと積み立てるという方法も考えられます。「自動積立定期預金」などで毎月 6～7 万、ボーナス時にさらにプラスすれば年間 100 万円は貯められます。この"種もみ"である最初の 100 万円が貯まれば、あとは確実に増えていく 1000 万円もけっして夢ではありません。もちろん他にもさまざまな方法があると思います。この ように 10 年後などその先に向けてどんな準備を考えることができるか、将来のあなたがたを左右するのです。

「考える力」クイズ

質問

Q1 次に挙げた推論は論理的に正しいでしょうか。
前提1 すべての花は、植物である。
前提2 すべての植物は、動物ではない。
結論 ゆえに、すべての花は、動物ではない。

Q2 あるホテルで「正直者の集会」と「うそつき者の集会」が開かれています。「正直者の集会」には正直者しか参加していませんし、「うそつき者の集会」にはうそつき者しか参加していません。あなたが参加したいのは「正直者の集会」ですが、案内が出ていないので、どちらの部屋がそうなのかわかりません。そこへ、どちらかの集会の参加者が出てきました。さて、ひと言だけ質問できるとすれば、何と言えば「正直者の集会」に参加できるでしょうか。

Q3 初めてのデートの日、雰囲気のよさそうなしゃれたレストランを発見しました。そこで食事をしたいけれど、でも料理の味がどうかは外観だけではわからず、入るかどうか迷っています。ところが、しばらくして「絶対においしいはず」と確信しました。それは、なぜ？

Q4 ある町に住むA君は、機械いじりが得意なカーマニアです。その町で機械いじりが苦手な人の車はA君がすべて整備しました。ただし、機械いじりが得意な人の車には、まったく手を触れませんでした。では、A君自身の車は誰が整備したのでしょうか。

※答えは次のページにあります

答え

A1 正しい

【解説】一読しただけでは正しいのかどうか判断がつきかねますが、もちろん「正しい」が正解です。これはいわゆる「三段論法」というものです。前提が2つあるのでとても複雑に思えますが、1つずつ検証すれば、正しいかどうかが見えてくるはずです。もちろん、日常的な会話でこの三段論法を用いるのは至難のワザ。できるだけ簡潔な論理で結論をうまく導きたいものです。

A2 「どちらがあなたの集会場ですか？」と聞く

【解説】この人が「正直者の集会」の参加者なら、もちろん正直に「正直者の集会」が開かれている部屋を教えてくれるでしょう。また、「うそつき者の集会」の参加者なら、うそをつくはずですから、反対の「正直者の集会」の部屋を教えるはずです。どちらにしても、たった1つの質問で、「正直者の集会」が開かれている部屋がわかるのです。

A3 その店から出てくる客が、みんな満足そうな顔をしていたから

【解説】自分1人で判断できないときは、大衆の判断を参考にすべきです。経済学者のケインズは株価の決まり方を美人コンテストにたとえました。株価も美人コンテストも他者の総合判断によって決まります。つまり、"大衆の判断"にこそ権威があるということです。

A4 じつはA君は未成年で、免許がなく、車も持っていません

【解説】もしもA君が車を持っているとしたら、自分で車を整備していいものかどうか悩むはずです。A君の悩みは、いわゆる「パラドックス（逆説）」であり、哲学や数学の領域の話です。ただし、この問題の答えを考えるとすれば、ちょっと発想の転換をして、ご覧の通り。これもまた、十分あり得る話なのです。

質問

Q5 サラリーマンの益子さんは東西と真南を大きなマンションに囲まれた土地を手に入れました。マイホームは北玄関にして、北側には大きな窓をつけましたが、日中でも部屋の中は薄暗くてしかたがありません。益子さんは今度家を建てるときは、「四方の窓がすべて南向きの家がいい」と、夢を描いています。さて、そんなことは可能なのでしょうか。

Q6 ビルの屋上からA氏が飛び降りて死にました。屋上には、揃えられた靴と遺書が残されています。「間違いなく自殺だ」、そう考えた警察は、捜査さえもしようとしません。しかし探偵のXだけは「これは自殺に見せかけた他殺だ。犯人を捜してみせる」と断言しました。探偵Xは、なぜそう断言できたのでしょうか。

Q7 ふたつの家電量販店で、それぞれ次のようなキャンペーンをやっています。さて、どちらが得だと思いますか。

A店=「50人に1人の割合で、　　購入額の全額がキャッシュバック」
B店=「すべてのお客様に購入額の3％引き」

※答えは次のページにあります

A5　可能（北極点に家を建てる）

【解説】地球上のどの地点でも、つねに東西南北に囲まれていると思ったら大間違い。じつは「どちらを向いても南」という場所が1つだけあります。北極点です。同じように南極点は、どちらを向いても北になります。方角の常識にひそむ思いがけない落とし穴の問題ですが、視野の広さと発想の転換があれば思いつくでしょう。

A6　じつは探偵Xが犯人だったのです

【解説】「誰もが真っ先に容疑者から排除する探偵が、じつは犯人」というのは推理小説の定石の1つです。逆転の発想で目くらましを見破りたいものです。この場合の探偵Xは、自殺に見せかけて殺しただけでなく、その罪を誰かにかぶせようとしていると考えられます。さらにもう一歩踏み込むことで、そんな可能性も浮かんでくるのです。

A7　Bの店のほう

【解説】「購入額の3％引き」という言葉に比べ、「全額キャッシュバック」という言葉は魅力的です。しかも50分の1の確率だから、やってみる価値はあるように思えます。しかし50人に1人というのは、100人なら2人。つまり2％の人が無料になるということです。店側にとっては「2％割引」と同じことなのです。そう考えれば、どうみてもBのほうが得です。これぞ数字のマジックです。

第 2 部

「話す力」が面白いほど身につく！

なぜ「話す力」が必要なの？

自分の気持ちをうまく伝えられない、相手をなかなか説得できない、面白い話ができない、人前でいつもアガってしまう……。こんな悩みも「話す力」を身につけるだけで解決する。話し方にはセオリーがある。ちょっとした工夫とコツさえマスターすれば、上達することは間違いない。

話す力
- 説明力
- 交渉力
- 雑談力
- プレゼン力
- 心理話法

が身につくと

仕事がみるみるうまくいく！

STEP 1

「説明力」

物事をわかりやすく相手に伝える力

相手に話を理解してもらうためには、ダラダラと長く、要領を得ない話し方は禁物だ。話の内容を正確に伝えることができる話し方の極意とは何か。

「本題＋詳細＋本題」で話は必ず論理的になる

　たとえば、客からクレームがあったという報告を上司にするとき、「昨日、○○さんという女性が先日購入された商品を持って来られまして……」と切り出したところで、報告されているほうは最後まで耳を傾けなくては何の話だか理解できない。

　しかも、話す相手が忙しい人ならば、正確な報告ができないまま時間切れということもあり得る。

　早く伝わっていれば難なく対処できた小さなクレームも報告できなかったがために大問題になってしまった、ということにもなりかねないのだ。

　だが、「当社の商品に対するクレームが１件ありました」と、**まず話の要点を先にいうことで、報告されているほうは心構えができる**し、報告を聞きながら頭の中でその内容を整理することができる。

　時間をムダ使いせずに相手に確実に話を伝えるためには、**「本題」＋「詳細」＋「本題」という流れで組み立てて話をする**ことだ。

　まずは話の本題から始めて、次に、「いつ」「誰が」「どういったか」などの詳細を伝え、最後にどう対応したのかという本題に戻る。これだけで、まとまりのいい話し方になる。

「先日Ａ社に納品した機械なんですが、どうも部品に不具合があるらしくて、きのう担当のＢさんから電話があったそうなんです。今日対応すると伝えてあるんですが……」

↓「本題＋詳細＋本題」で組み立てると

スッキリ！

「本題」 きのうＡ社からクレームがありました。
「詳細」 先日、納品した機械の部品の一部に不具合が見つかったそうです。
「本題」 今日、午後イチでエンジニアがＡ社に向います。

相手の判断を確実に促す "2段話法"とは？

　仕事ができる人には、さまざまな仕事が自然と集まってくる。忙しそうな姿を見ていると、つい遠慮して話しかけられないという人も多いのではないだろうか。だが、**人と人とが仕事をしていくうえで「報告、連絡、相談」、いわゆる「ホウレンソウ」の大切さは変わらない**のだ。

　そこで、忙しい人に判断を仰ぐときは、できるだけ短時間ですむような話し方をするように心がけたい。

　そのためには、**相手が「イエス」か「ノー」で答えられるように、できるだけ「意見」と「理由」をセットで話す**のが一番だ。

　たとえば、「明日の会議には〇〇さんを同席させてください」とだけいうと、相手は「どうして？」と質問するはめになる。

　ところが、「明日の会議には〇〇さんを同席させてください。彼は△△社のプログラムに詳しいからです」と理由までセットで伝えれば、相手は「イエス」か「ノー」だけで返事をすることができる。

　つい理由をいい忘れるという人は、意見をいったあと「なぜなら」という言葉をつけ足すクセをつけておけば、次に出てくる内容は当然「理由」しかない。

相手が Yes or No で答えられる2段話法の例

（意見）		（理由）
今日の打ち合わせを明日に変更させてください。	な ぜ な ら	急にA社の担当者が来社することになったからです。
その企画は今回は保留にしたほうがいいと思います。		今秋のイベントとからめて提案したほうが、効果があると思われるからです。
この案件は〇〇君にまかせたほうがいいでしょう。		彼は社内で一番その分野に詳しいからです。

「主語・述語」をはっきりさせればトラブルは未然に防げる

　昔の文学や翻訳本などにはとくに多いのだが、やたらと1つの文章が長いことがある。なんとなく読み流してしまうと「誰が」「どうした」のかがさっぱり頭の中に入ってこない。つまり、主語と述語の関係性が見えにくいのだ。

　それでも文章であれば再読することで正しく理解することはできる。ところが、これが会話だとそうはいかない。

　たとえば、契約上のトラブルや会議の報告など、コトの顛末をきちんと説明しなくてはならないような場合は要注意だ。

　当人はその事情を把握しているから、主語や述語を飛ばしてもイメージできているだろうが、相手は基本的に初めて聞く話だ。**主語や述語がなければ、正しく状況を理解することは不可能だ。**

　ちょっとエキサイトして意見を戦わせるような場になると、「一昨日行ってきたらしい」とか「課長もそうですよね？」などと、短い言葉でも主語や述語が省略されてしまうことはよくある。

　オフタイムの会話ならともかく、ビジネスにおいてこのやりとりは非効率きわまりない。

　話をするときは主語と述語は省略せずに意識して入れる。普段からこれに気をつけるだけで会話力は格段に上がるのだ。

●主語・述語がないと

- おとといい行ってきたそうですよ
- 誰が？
- どこに？
- ○○さんですよ
- ○×本社ですよ
- ああ。で、どうだったって？

なかなか本題に入れない

●主語・述語がはっきりしていると

- ○○さんがおととい○×本社に行ってきたそうですよ
- で、どうだった？

会話がスムーズで内容がわかりやすい

3つの語尾を使い分けるだけでトラブルは未然に防げる

1話

話を確実に相手に伝えたいなら、**事実であるのか、推測であるのか、伝聞であるのかをはっきりとさせて伝える**ことだ。

まず、事実を話す場合には、「〜です」と語尾を簡潔にしてみよう。それだけで相手からの信用度はかなり高くなる。

一方、推測で物事をいう場合は、話を切り出す前に必ず「たぶん」「おそらく」とつけて、事実と誤解されないようにしたい。

語尾も「〜だと思います」と推測であることを強調するといい。

伝聞の場合は「○○さんのいうことでは」「〜によると」と、あくまでも自分の考えではないことをはっきりさせる。

語尾も「〜ということです」「〜とされています」と、伝聞であることを強調する。

これで、**「言った」「言わない」のトラブルも回避できる**。

◎(　　　)の中に適切な言葉を入れましょう

事実を伝えるとき

「○○社に提案する企画は、A案とB案に決定(　　　)。」

推測を伝えるとき

「(　　　)、○○社に提案する企画は、A案とB案に決定(　　　)。」

伝聞したことを伝えるとき

「××さん(　　　)、○○社に提案する企画は、A案とB案に決定(　　　)。」

答え:
事実を伝えるとき
です／だと思います
推測を伝えるとき
たぶん／だと思います
伝聞したことを伝えるとき
のいうことでは／ということです

相手がイラつく報告の仕方、相手が満足する報告の仕方

　たとえば、自社工場でトラブルが発生したとしよう。すぐさま現場に飛んで状況を報告するようにと上司からいい渡された。さて、あなたならどのように報告するだろうか。

　ここで、「トラブルが起きたのは午前10時ごろで、ラインが完全にストップしてしまいまして、今も止まっている状態でまったく動く様子がありません。それから……」などと経緯を伝えたところで、上司はイライラするばかりだろう。なぜなら、上司が知りたい内容がなかなか出てこないからだ。

　報告に限らず、人に話をするときは見聞きしたことをそのまま話すのではなく、一度内容を組み立ててから話すべきである。

　ポイントは、「相手が何を聞きたがっているのか」を考えながら内容に優先順位をつけることだ。

　まず上司が最初に聞きたいのはトラブルの原因だろう。そして、どんな状況でどのラインが止まったか、現在どういう処置を施しているか、復旧にはどれくらいかかりそうかといった内容だ。

　相手が誰であっても、報告する相手の立場や権限を理解していれば、優先順位はおのずと浮かんでくるはずだ。

相手が満足する報告の仕方

① 状況を箇条書にする

2 ● AM10時頃ラインが完全にストップ
1 ● 材料を流すベルトにトラブル発生
3 ● 機械メーカー担当者が原因究明中
4 ● 復旧には2〜3日かかるもよう

② 情報に優先順位をつけて報告する

相手の脳に沁み入る話し方のトーンと速度

「心に沁みる」いい話というのは、内容のよさだけでなく、それに加えて伝える側の"話し方"による部分も大きい。

すごくいい話なのに早口でまくしたてるように話したり、まったく実感がこもっていなければ、聞き手の感動は半減してしまう。

乾いた布に水がだんだん沁み込むような、そんなイメージで話してみよう。

具体的には、話す速度は少し遅めにし、ムダに大きな声を出したり、オーバーアクションをとったりするのではなく、できるだけ落ち着いたトーンで丁寧に話すことを意識する。大事な部分はたっぷりと間をとって話せば、より効果的だ。

というのも、人間の脳の処理速度には限界がある。一度に大量の情報を詰め込んでも、脳内にきちんと収まることはないのだ。

したがって、**相手に自分の話をちゃんと理解してほしければ、その処理時間、つまり脳内に沁み入る時間をきちんと考慮して話すということが大事**なのである。

もちろん、聞き手の処理速度には個人差がある。しかし、その時間を意識しながら話すことを実践していけば、自然につかめるようになっていくだろう。

話すスピードによって脳内に記憶される量は変わる

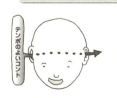

「面白かった」という感情は残っても、内容は残らない

聞いた内容が脳内に残り、理解しやすい

短いセンテンスでわかりやすく話すための「5カ条」とは?

　話の長い人、というのはとかく嫌われるものだ。そこで、次の5つのポイントを押さえることをおすすめしたい。

①できるだけシンプルに話す
　気の利いたフレーズをいおうとすると、かえっていいたいことが正確に伝わらない。できるだけシンプルな言葉で話そう。

②わかりやすくいい換える
　誰にでもわかるような表現に置き換えてみる。社内でしか通じない言葉や年齢によって認知度に差が出る内容には気をつけたい。

③具体的なデータを添える
　用意できるようならデータを示すといい。要点を肉付けするような資料は言葉で説明する以上の説得力を持つ。

④優先順位を徹底する
　特別な駆け引きがない限り、結論はすぐにいうべきだ。集中力は時間が経つほど低くなるものなので、さんざん前フリを話した後に「ここからが本題です」では、聞く側はうんざりしてしまう。

⑤相手の立場にも気を配る
　聞き手の存在を無視してはいけない。「ここまでで、ご不明な点はありませんか」などと、相手の立場も考えた気配りが必要だ。

説明がグッとわかりやすくなる "つなぎ言葉"

　わかりやすく説明するために**重要なことは、つながりと脈絡**である。たとえば、前の話と意味が同じ場合は**「したがって」「すなわち」**などの言葉を使うとより明確になる。

　前の話と意味が逆の場合も同じで**「しかし」「けれども」「とはいえ」**なども有効だろう。

　話を総括する場合には**「つまり」「要するに」「ひと言でいうと」**などもいい。

　また、内容をガラリと変えるときは**「話は変わりますが」「話が矛盾するように聞こえるかもしれませんが」**などと、ひと言はさむことによってトーンが優しくなり、安心感を与えることができる。

　さらに話の最も重要なところでは、**「ここが、重要なのですが」「そこで、ご提案したいのが」**といったポイントを強調するような言葉を使えば、聞き手も改めて耳を傾けてくれる。

　実際、プレゼンがうまい人の話を聞いていると、**「盛り上げどころ」や「話の締め」などに、つなぎの言葉を効果的に使っている**ことがわかる。

　このようにつながりを明確にするだけで、自然と説得力が増してくるのだ。

＜効果的な"つなぎ言葉"＞

話した内容をまとめるとき	「したがって」「すなわち」「ということは」「つまり」
話したことと異なる意見を言うとき	「一方で」「ところが」「しかし」
話が変わるとき	「話は変わりますが…」「話が矛盾するようですが」
話の最重要ポイントでは	「ここが、重要なのですが」「そこで、ご提案したいのが」「ここからが本題なのですが」

「脳内整理力」がアップする "まとめ言葉"とは?

　話というものは時間が経てば経つほど、言葉も増えて情報量が多くなる。話の内容が濃ければ濃いほど、聞き手にはより高い整理能力が求められる。

　そういう場合は、**話す側が聞き手の整理作業をアシストするような言葉を挿入する**のが望ましい。「つまり……」とか「結局……」のように、**「このあとに話すことが大事な部分ですよ」ということ**を知らせる"まとめ言葉"である。

　このような言葉が飛び出すと、聞く側の脳は自然に反応する。まだ整理されずに**脳内に浮遊しているキーワードや情報が、これをきっかけに一気に仕分けられる**。

　それほど重要でない情報は淘汰され、まとめ言葉の中に出てきたワードに関連する情報だけがしかるべき場所に整理されるのだ。

　また、「肝心なのは」とか「重要なのは」という言葉は、どちらかというと、内容の重さを感じさせる効果が高い。

　まとめ言葉を発すると相手だけでなく自分の頭の中の整理もつきやすい。とくに話が大きく展開する場合は、要所要所で入れるよう心がけたい。

会議の前に押さえておくべき 2つの情報

会議などで「伝えたい内容」を正確に伝えるためには、事前の準備が欠かせない。それは、**準備の前に聞き手が「理解できるレベル」と「理解の範囲」を知る**ということだ。

もともとその商品に詳しい人が相手なら省ける説明もあるが、そうでない場合には、基本的な商品知識についても説明が求められる。また、ただ単に商品の価格について知りたい相手に対して、長々と商品そのものの説明をしてもそれは時間のムダである。

では、具体的にどのようにすればいいのだろうか。

たとえば会議で商品の説明を担当するとわかった段階で、まず、聞き手がどのような立場の人でどのような情報を入手したがっているのか、ということについて事前にリサーチをしておく。

会議に同席する上司から情報を得るのもいいが、**最も適切な方法は当の本人に聞くことだ**。

先方にしてみれば、自分のニーズに合った説明があることが予測できて安心できるだろう。

話す相手が何を望んでいるかを知ることが、ワンランク上の商品説明やスピーチにつながるのである。

相手が"ピン"とくる「数字・固有名詞」の使い方

　たとえば「通りの向こうでものすごい行列ができていた」と聞いても、その**イメージは人によって違う**。10数人と思う人もいれば、通りを占拠するような大行列を思い浮かべる人もいる。

　だから、こうした表現は極力避けるべきなのだ。たとえば「当社の製品は業界でもかなりのシェアを誇っておりますので」というよりは「前年度の業界シェアは約85パーセントでした」というように、**できるだけ具体的な数字で示したほうが相手には伝わりやすい。**

　また「上のほうに確認をとります」というような表現も曖昧ないい方だ。「上のほう」は「部長の山田」というように**固有名詞を出したほうが相手もイメージがつきやすいし、誤解もない。**

　ふだんの会話でも「これ」「それ」「あそこ」「どこ」など、いわゆる"こそあど言葉"は頻繁に出てくる。あまり多用していると取引先などにもうっかり「えーっと、そこの通りをちょっと歩いた右側のビルが……」などとわかりにくい説明になってしまう。

　「中央通りを50メートルほど歩いた右側の山田ビル」などと、できるだけ具体的に話すといいだろう。

具体的に話すと内容がきちんと伝わる

・話題の店に行ってみたらかなりの行列ができていた。
・話題の店に行ってみたら100人以上の行列ができていた。
　　　→ 注目度の高さが伝わる

・これはぜひ社に持ち帰り、上の方に通してみます。
・これはぜひ社に持ち帰り、役員会議にかけてみます。
　　　→ 決定権のある、なしがわかる

数字や固有名詞を意識して話すと知的にも見える

伝わらない説明には4つのポイントが抜けている

ビジネスでは必要な用件を伝えたら、それにしたがって相手に動いてもらわなくてはならない。

たとえば、仕事を割り振るときに「今週中にこのような資料が必要になるから、よろしく」だけでは、相手は思ったとおりに動いてはくれない。まずは、何のために、どういう理由でそれをしなくてはいけないのか説明する必要があるのだ。

切り出しは「注意喚起」だ。「ちょっと困ったことになったんだけど……」などと、**相手の注意を自分に向ける**ひと言が必要だ。

次に、「じつはこういう仕事の依頼を受けてね」と**興味を引き出し**、その内容を説明して**理解させる**。そして「了解です」と**合意を得て**、「やってみます」と**行動に結びつける**ことができて初めて、伝えることの目標を達成したことになるのだ。

これは、企画書をつくるときなどにも通じる方法だ。人に自分の考えを伝えるのが苦手という人は、相手の注意を呼び起こしたり、興味を引き出すという前段階の作業を怠っていることが多い。

イントロダクションもなしにいきなり本題を理解させようとしたり、さらには相手の合意を得ることや、どう動いて欲しいかということを伝えることもすっかり抜け落ちてしまっているのである。その結果、また自分の言ったことが伝わっていないと自己嫌悪に陥ってしまったりするのだ。

「注意喚起」「興味を引き出す」「理解させる」「合意を得る」「行動を起こさせる」という段階を踏めば、間違いなく自分の意図が相手に伝わるのである。

説明力ドリル

質問①

ホテルのラウンジでソファーに座っていたら、ほかの客がとなりに来て座り「タバコを吸ってもいいですか」と聞いてきました。本当は吸わないでほしいと思っていたのに、つい「どうぞ」と言ってしまいました。なぜでしょう?

質問②

営業に訪れた会社で、商品の説明はひと通り終わったはずなのに、相手の反応がありません。次の説明のしかたで悪いのはどれでしょう。

・ほとんどパンフレットを見ながら説明をした
・この商品について相手がどの程度の知識を持っているのか確認していなかった
・最初から最後まで同じ声のトーンで話した

質問①の答え

その人は「嫌煙家かもしれない」という相手の気持ちを理解的に無視して言ってしまっています。人間的に、自分にとって都合のよい答えを優先しがちな、ダメな正直者といわれます。"一方的"なものの言い方をしています。

質問②の答え

開き手の反応を見ずに顔材料だけで相手にインプットしようとしたのが敗因です。パンフレットを見て話をすることができますね。さらに、相手の理解が追いついていないところに専門的なことを話しても伝わるはずがありません。また、声の強弱がないと、相手の集中力は続きません。

STEP 2

「交渉力」
相手を納得させ同意させるテクニック

難しい交渉も言葉さえ巧みに選べば、うまく運ぶことができるものだ。相手にけっして「NO」といわせない交渉の話術を紹介しよう。

「説得しよう」ではなく「説明しよう」の気持ちが結果を生む

「この企画を通したい」という意気込みを前面に押し出して「客足を昨年の20パーセント増にするには、この案で進めるべきです！」などと説得されると、聞いているほうは引いてしまう。

決定権を持つ人は、企画を進める際の予算と効果を冷静に判断しなくてはならない。そのため、まだ内容を把握していないのに、やたらと説得されるとかえって疑いを抱くようになる。

人は「説得されている」と感じると、気持ちのブレーキをかけてしまうのだ。

ブレーキを解くには「説得」でなく「説明」が必要だ。「押してもだめなら引いてみろ」というように、人の気持ちは押しすぎると離れていくが、逆に引くとこちらに傾いてくる。

だからこそ、**自信のある企画ほど心を込めて説明をする**といい。「今回の提案は〇〇がポイントで、これにより20パーセントの集客増が考えられますがいかがでしょうか」などと説明すれば、相手も一考したいと思うようになる。

相手が一緒に考える姿勢になったら、プレゼンは成功だ。今回は企画が通らなかったとしても"一緒に仕事をしたい相手"と好感を持たれ、次につながっていくだろう。

◉ 心が動くのはどちらのセリフ？

Ⓐ 我が社のシステムをお使いいただいたら、業績アップまちがいありませんから！

Ⓑ 我が社のシステムでしたら、業績を20％伸ばすことが可能です。

Ⓐは「説得」、Ⓑは「説明」

「たとえ話」と「事実」の併用で相手は確実に落ちる

　的確に話の内容を相手に伝えるには、「たとえ話」を用いて説明するのも手だ。聞き手としてはイメージしやすいからである。

　たとえば、飲料メーカーの営業マンが新商品を店に売り込む場合、「今回のうちの新商品は、アミノ酸が配合されていてダイエット効果が高いのが特長です」と説明しても、店に置いてもらえたところで陳列棚の隅に追いやられるのがオチだ。

　この営業トークに「スポーツをする前にこれを飲むと体脂肪の落ち方が違うんです」とたとえ話をつけ加えると、相手は心を動かすかもしれない。

　さらに「スポーツ選手が鶏のささみを食べるのはささみに含まれるアミノ酸が体脂肪燃焼に効果があって……」と「事実」を加えると相手も納得してくれるはずだ。

　たとえ話で商品のイメージをふくらませておいて、事実でそれを証明する。この手順を踏むだけで、営業力は上がるはずだ。

「たとえ話」＋「事実」で営業センスを磨く

たとえ話		事　実
スポーツをする前などに飲むと体脂肪が落ちる	＋	プロの選手も飲んでいる
この帽子は日焼けを防げる	＋	紫外線を99％カットすることがテストで証明されている
この水着を着ると泳ぐ速さがアップする	＋	オリンピックの公式水着と同じ素材
もし火事になっても桐のタンスは中身が燃えにくい	＋	桐は他の木材に比べて火のまわりが遅いという実験結果がある

交渉をうまくまとめる "落とし所"の決め方

日本のプロ野球選手がメジャーリーグへ移籍する背景に、選手と球団の間に入って契約を優位に成立させるエージェントの存在がある。敏腕といわれるエージェントは、交渉に臨む前に何度も選手と打ち合わせを重ねて、どうすれば好条件を引き出せるか話し合う。

このように**ビジネスの交渉事は１つの駆け引きでもある**。大切なことは、**事前に自分の基本方針をしっかりと頭に入れておくこと。そして、相手側の考え方も前もって理解しておくことである。**

お互い事情を持っている者同士が交渉に臨むのだから、**肝心なのは両者が納得するように交渉を進めることだ**。そのためには"落し所"をあらかじめ決めておかなければならない。

落し所というのは、交渉が終わった時点で一応成功といえる目標点のことである。これ以上の結果を出せれば交渉はとりあえず成功ということになり、逆にこれ以下の結果であれば交渉を成立させてはならないという目安になる。

また落し所を決める際にも、けっして相手の損にはならないことを強調することが必要だ。こちらだけが得する形で交渉を終わらせようとすると、相手から恨まれてしまいかねないので要注意だ。

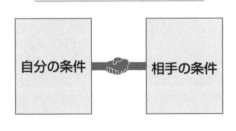

お互いの条件を吟味して"落とし所"を決めておけば交渉はうまくいく！

自分の条件　　相手の条件

思い通りに相手を動かす「誘導」の手順

　効率よく顧客の望むものを提供し、商談を成立させる方法として、**「オープンクエスチョン」と「クローズドクエスチョン」という２つの質問を使い分けるやり方**を紹介しよう。

　オープンクエスチョンとは、相手が何を求めているのか、その漠然とした気持ちを聞き出すのに効果があり、一方のクローズドクエスチョンは、ＡかＢかどちらかを選んでもらいたいときに効果がある。

　そこで、**まずオープンクエスチョンで顧客のニーズを知る**ことから始めてみよう。

　「どのような感じのものをお探しですか？」「買い替えですか？」など、なぜ店に足を運んだのかを知るための質問をする。すると、「操作が簡単なものを探している」「今使っているのが重くて持ち運びづらい」などと、相手は漠然とした答えを返してくる。

　この答えが多ければ多いほど、具体的なニーズが浮かび上がってくるはずだ。そして、**ある程度その客が求めているものが何かわかれば、あとはクローズドクエスチョンに切り替え**ればいい。

　「このあたりの商品はいかがですか」といって商品を数点提示して、それぞれの優れた点やときには欠点を説明するのだ。

　具体的な選択肢を与えられた客は、よほどのことがない限りいずれかを購入するだろう。オープンクエスチョンには、客自身が買い物に来た動機を再確認する効果もある。

　この再確認をしないでクローズドクエスチョンに入ると、「決められないのでやめておこう」ということになりかねない。

　オープンクエスチョンからクローズドクエスチョンへ、手順をきちんと踏めば商談の成功率はグンとアップするのだ。

会議の主導権を握る"アジェンダ・セッティング"とは

　期限のない仕事はない。会議の時間も限られているわけであり、参加者がそれぞれの議案を用意していても、とてもではないがすべてを議論する時間はない。

　そこで、もし**会議でどうしても話し合っておきたい案件があるのなら、真っ先に発言することだ。**「まず〇〇について意見をうかがいたいのですが」と切り出せば主導権を握ることができる。

　これを**「アジェンダ・セッティング（議題設定効果）」**という。会話は提供された話題から始められやすいということを狙った方法である。

　日本人はどちらかというと"口火"を切るのが苦手だ。

　講演が終わったあとに「質問がある人は手を挙げてください」といわれても、積極的に挙手する人はあまりいない。

　そんなスキを狙って堂々と議題を提案すれば、場を自分のペースに持ち込むことはさして難しいことではない。

参加メンバーが多い会議でも主導権が握れる
アジェンダ・セッティング
（議題設定効果）

まず、〇〇について意見をうかがいたいのですが

新しいアイデアは過去の実例と
セットにすると採用されやすい

　プレゼンで相手の首をタテに振らせるのに大事なことは、いかに説得力をもたせるかである。**相手を納得させるには「これは成功するだろう」と確信できる材料がそろっていることが大切**だ。

　たとえば「○○業界は2月と8月は全体的に業績が冷え込む」など、プレゼンをする相手との間で一定のコンセンサスを得ているものや、「製品Aはモデルチェンジの直前に営業をかけると爆発的に売れる」というように、過去の実績に基づいてすでに承認されている了解事項があるとする。

　こうしたものは、プレゼンの新しい裏づけとして積極的に再利用するのが賢いやり方だ。少なくともその部分に対して理論上は抜け穴はなくなるし、すでに実績として客観的に認知されているので、これ以上好都合なデータはない。

　新しいアイデアは新鮮味がある半面、経験がないことだから不安もある。だが、こうした**裏づけをセットにすることでそのアイデアは一気に現実味を帯びてくる。**

　日ごろから情報収集のアンテナの感度を高め、自社だけでなく他社の情報もチェックして、裏づけになるような事例をストックしておきたいものだ。

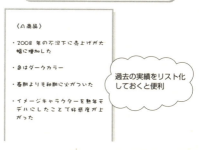

過去の実績は次の提案の裏づけになる

過去の実績をリスト化しておくと便利

米国ビジネススクールで教える交渉相手を落とす5つの条件

アメリカ人や中国人に比べて、日本人は交渉が下手だといわれる。何かと"根回し"で事を円滑に進めようとするため、どちらかというと、相手に歩み寄る形で交渉が成立する場合が多い。

一方、アメリカ人は「競争」をよしとする国民性であり、中国では交渉は信頼性を築く手段ととらえられている。

だが、ビジネスの世界に国境はない。そこで参考にしてもらいたいのが、**アメリカのビジネススクールで教えられている「手ごわい相手と交渉する5つの条件」**である。

①相手を知る。
②マンツーマンで対面する時間を減らす。
③反論と戦略的行動をもって考える。
④複数の案を用意しておく。
⑤交渉が決裂した場合の代案策も考えておく。

交渉は、その場にならないと相手がどんなカードを出してくるかわからない。そこで、交渉の席に着く前に準備しておくのが、この5つの条件なのである。

アメリカ人がこうした万全な下準備を行うのは、時間をかけずに単純明快な決着を図りたいと考えるからだ。

その場で意思決定ができず、「社に持ち帰って検討します」などと悠長なことをいっていては相手をイライラさせるばかりだ。

ビジネスのグローバル化がますます進むなか、円滑かつ有利に事を進めるためには、日本人はさらなる交渉術を身につける必要に迫られていることを自覚して行動したいものである。

相手がためらう要求も この2ステップでうまくいく

1話

昨日決まったことが今日になって変更になったり、いきなり新しい課題が出されたり……指示を受けたほうが「え？」とためらうようなことを、ときには伝えなければならないこともある。いかに相手がためらっても、それが必要なことであれば相手に受け止めてもらわなければならない。

ただし、そんなときはけっしてメールや書面だけで終わらせてはならない。**文書で通達したうえで、さらに「フェイス・トゥ・フェイス」による指示も行う**ことだ。きちんと面と向かって言葉で伝えることが肝心なのだ。

相手がためらうような要求は、それを出すほうにも「申し訳ない」「相手の士気を低下させるのではないか」といった不安がある。

顔と顔を突き合わせてその指示を言葉で伝えれば、指示を受けたほうは、「理不尽だ」「なぜ今になって？」といった思いを抱いたとしても、**相手の顔や表情、声などから、その指示を出さなければならない事情を察知するはずだ。**

人間は、言葉で伝えられる情報よりもはるかに多くの情報を表情や手ぶりなどから受けとるものである。相手もこちらの立場を理解し、その要求を呑んでくれるはずだ。

Face to Face だから気持ちが伝わる

申し訳ないんだが…

お察しします…

115

説得がうまい人は、声の強めどころを知っている

　プレゼンの席などで、企画のポイントや自分の考えを話してはいても、今ひとつ説得力が感じられない、という人がいる。原因は、その人の話し方にあるのではないだろうか。

　説得力のある人は、語尾に力をこめて発言をするものだが、その反対に説得力のない人は、「〜だと思うのですが……」とか「〜のようです」のように、語尾をあいまいにしがちなのである。「お力になれます！」「効果があります！」と語尾を強調して話をすると、語り口調が自然にリズミカルになってくる。

　このような話し方は**自分自身のモチベーションを高めることにもなり、同時に聞き手にとっても聞きやすいという一石二鳥の効果が生まれる。**

　だんだんとフェイドアウトしていくような語尾では、話し手がいったい何を訴えているのか、聞き手にはなかなか伝わらない。

　どうしても語尾をあいまいにしてしまうクセのある人は、同僚とのたわいないおしゃべりのときに、意識的に語尾を強調する話し方を心がけるといい。

　普段から語尾をはっきりさせて話していれば、プレゼンでも同じような話し方ができるようになる。それだけで相手を説得できる確率が上がるはずだ。

最後のひと言は語尾を強く締める！

値引き交渉でこちらの土俵に持ち込む「電卓」の使い方

　携帯グッズといえばできるだけ小さなものを選びがちだが、**得意先に持っていく電卓に関しては大きいものを選びたい。**

　たとえば、営業先でアバウトな見積りを計算して相手に数字を提示したいときには、大きい電卓が役に立つ。

　数字が大きく表示されると視覚的にもインパクトがあるので、値引き交渉などで数字以上に相手に好印象を与えることができるからだ。

　ちなみに、大きな電卓にはたいてい「5」のボタンに小さな突起がついているが、そこに中指を置くようにすると電卓のキーを見ずにブラインドタッチができる。

　担当者の目の前で素早く正確な計算ができれば、きっと一目置かれるに違いない。

　ふだん何気なく使っている電卓も選び方や使い方によってこれまで以上に力を発揮してくれるのである。

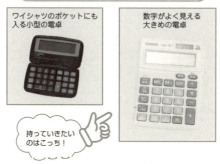

打ち合わせに持っていきたい電卓はどっち？

ワイシャツのポケットにも入る小型の電卓

数字がよく見える大きめの電卓

持っていきたいのはこっち！

交渉力ドリル

質問①

お金が絡む交渉事をするときには、自分から先に具体的な金額を提示するのと、相手に先に出してもらうのとでは、どちらがいいでしょうか？

質問②

進めていた商談が不成立となりました。そのときの対応は？

質問①の答え
相手に先に出してもらう
主導は自分が握って進めていきたいが、交渉が始まれば、最終的に握る交渉事案は相手に近い金額を提示しがちだが、それを考慮できるのも自分に有利な方向にもっていきやすくなります。

質問②の答え
次につながるよう丁重に対応する
こんなとき感情的になりがちだが、次回の話題などでしっかりお願いしますよ」のひと言を添えましょう。また、「お役に立てず申し訳ございませんが、折られた理由をお聞かせください」そして、最後に「無理を申し上げてなど、お詫びの言葉をおそれず。

STEP 3

「雑談力」

好感度が200％UPする話し方

同じような話でも、面白いと感じたり、つまらないと思ったりするのはなぜだろうか。相手を楽しませ、相手の心をガッチリつかむ会話のテクニックとは。

会話の達人は3つのポイントで"間"を使いこなす

　話すときに重要なことといえば、それは**「間」**である。しかし、ひと口に間といっても、ただ単に言葉をいったん遮断して空白の時間をつくればいいというわけではない。

　まず**「了解を求める間」**はこれまで話した内容について、聞き手がきちんと把握して理解しているかどうかを確かめ、「ここまではいいですね」と了解を求めることが目的だ。とくに「ここは大事」というところで用いると効果的である。

　そして**「期待させる間」**。話が盛り上がり、聞き手の感情が高まってきたところで、わざと間を入れるようにする。すると、「次はどうなるんだ？」と聞き手の気持ちがますます高ぶる。

　最後は**「余韻を与えて、印象深くするための間」**だ。1つの話題が終わって区切りになるところや、話が盛り上がってちょっとひと息つきたいときなどに、わざと「間」を入れる。

　話は平坦なままではつまらない。この「間」によって話が心にしみわたり、とても奥行きのあるものになるのだ。

　タイミングをとらえ、相手の反応を見ながらのまさに「話術」といえるものを会話の達人は持っているのだ。

会話の達人が使いこなす3つの"間"

3つの"間"	聞き手の反応
① 了解を求める"間"	話の内容を深く理解する
② 期待させる"間"	次にどうなるのか期待が高まる
③ 余韻を与えて、印象深くするための"間"	話全体を反芻(はんすう)し、納得する

相手の心を完全に虜にする「話のツカミ」4つの方法

1話

たとえば、「今日は環境問題についてお話をしたいと思います」と話し始めるのと、「みなさんはトイレットペーパーを1回につき何センチ使いますか？」といきなり質問するのと、聞き手の集中力はまったく違ってくる。「何センチかな？」と考え始めた時点で、聴衆の心は完全に話に傾いているからだ。

こうした**"質問型"**の切り出し方を含めて、うまい**「話のツカミ」には4つの形がある**。

「明日から入院することになりまして……」などと個人的なことを打ち明けるようにみせてテーマにつなげる**"告白型"**。

「ご覧ください」と物や写真を見せてひきつける**"視覚型"**。

「あるところにとても背の高い女性がおり……」などと物語風に始める**"ストーリー型"**。

話の内容に合わせて、効果的なツカミを使ってみてほしい。

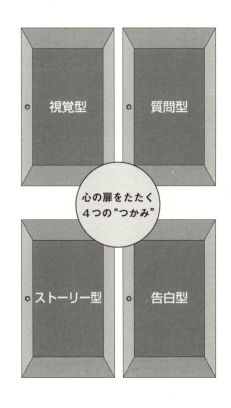

心の扉をたたく4つの"つかみ"

話が一気にリアルになる擬態語・擬声語の使い方

　ビジネスの会話の中で擬態語や擬声語をあまり入れないほうがいいと感じている人も多いのではないだろうか。

　しかし、**擬態語や擬声語はうまく使えば話にリアリティをもたせることができる**。話をより面白く、わかりやすいものにできるし、それだけ相手をこちらの話に引きつけることができるのだ。

　たとえば「そのとき、もの凄い風が吹いてきたんです」というより「そのとき、**ビューッと**もの凄い風が吹いてきたんです」というほうが、「もの凄さ」の度合いや風の勢いが伝わりやすい。「この新製品なら、御社の業績も伸びますよ」ではなく、「この新製品なら、御社の業績も**グーンと**伸びますよ」といわれたほうが、何だか本当にそうなるような気がするだろう。

　擬態語をうまく使えば、話がいい意味で生々しく現実味を帯びてくるのだ。

　日常生活でも「赤ちゃんが泣いている」というよりも「赤ちゃんが**ワーワー**泣いている」といったほうが、どんな泣き方なのか、どれくらいの激しさなのかが伝わりやすい。

　しつこく使うのは感心しないが、「ここぞ」というときに使ってみるといいだろう。

心を引きつける擬態語・擬声語の使い方

「御社の業績が伸びますよ」
　→「御社の業績が**グーンと**伸びますよ」

「オフィスのイメージが変わります」
　→「オフィスのイメージが**ガラリと**変わります」

「新規のお客様も足を運んでくださいますよ」
　→「新規のお客様も**どんどん**足を運んでくださいますよ」

話が空回りしたときに効く「ひと呼吸」の魔法

「このことをぜひ伝えたい」「この思いを相手にもわかってほしい」——そう思いながら話し始めても、なかなかうまく伝わらないことがある。

そこで試してもらいたいのが、話しながら「あ、自分では考えていなかった方向に進み始めたな」と思ったら、**とりあえず口を閉じて、ひと呼吸入れる**という方法だ。

これで落ち着きをとり戻し、自分の気持ちを立て直すのである。これは意外なほどに効果がある。

話し上手な人は、このひと呼吸のタイミングがじつに巧みだ。

聞いているほうも思わず「あれ？　この"間"は何だろう？」と注意を引き寄せられるから、さらに話に集中することになるのだ。

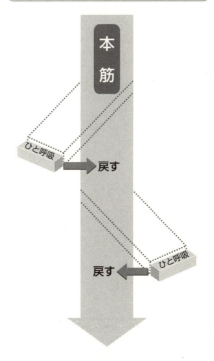

話が本筋からそれ出したら、ひと呼吸おいて戻す

「え〜と」「あの〜」… 妙な言葉グセをなくす呼吸法

　自分では気づかずに使っていても、誰にでも話し方には多少のクセがある。よく耳にするのが、話の合間に「え〜と」や「あの〜」という言葉を入れることだ。

　この**「言葉グセ」**は頻出すると耳障りではあるが、まったくないとかえって不自然さを感じたりもする。

　それにしても、どうして言葉グセは出るのだろう。いくつかの理由が考えられるが、**たいていの人は自分の言葉に自信がないときに使いがち**だ。

　「言葉グセ」が出るときは相手と視線を合わせることを避けたり、うつむき加減で話したりしていることが多い。

　もう1つの理由は、**話に詰まった際の逃げ道として使う**場合だ。何を話していいのかわからなくなったときや、その場の雰囲気を壊したくない場合に時間稼ぎのような形で使うことがある。

　意外に思うかもしれないが、じつは**呼吸のやり方によって言葉グセが出るときと出にくいときがある**というデータが出ている。

　とくに口呼吸をしながら話すクセのある人は口が開いたままの状態でいるために、つい「え〜と」といってしまうという。

　そんな人にはぜひ腹式呼吸の方法を覚えてもらいたい。腹式呼吸というと何か難しい呼吸法のように思うかもしれないが、そんなことはない。口を閉じて鼻から空気を吸い込むだけだ。

　腹式呼吸をすると体にたっぷりと酸素が取り込まれて血液の循環がよくなる。脳細胞の隅々にまで血液が流れると頭がクリアになって、妙な「言葉グセ」も収まるだろう。

間違いなく相手が食いつく「会話の話題」

話題が途切れて会話が続かなくなる、面白い展開にならずお互いのテンションが下がっていく……。誰もが経験のあることだろうが、ビジネスの現場ではこのような状況は避けたいものだ。

そんなとき、**間違いなく相手が食いついてくる話題がある。それが"失敗談"だ。**

「他人の不幸は蜜の味」というが、人が失敗して恥をかいたり損をしたりした話は興味を引くものだ。

しかし、なぜ他人の失敗談に惹かれるのだろうか。

それは、自分自身でも同じような失敗をした経験があるからだ。だから、「ああ、自分だけではなかった。この人も同じような失敗をして、恥をかいたことがあるのだ」と安心する。いってみれば、「同病相憐む」とか「共犯者意識」に近い気持ちを抱くのだ。

当然、**相手との精神的な距離感も縮まる。**沈滞していた会話のムードが明るくなるだけでなく、お互いの親密さも増してくる。

このように「失敗談」を披露することの効能は意外と大きい。普段から気をつけて自分の失敗談をいくつか"準備"しておくのは、けっしてムダではないだろう。

相手を退屈させない会話のコツ "3分ルール"

　話をうまくまとめるというと難しそうに思えるが、じつは簡単にできるコツがある。それは、**1つの話を3分以上しないことだ。**

　3分以内にコンパクトにまとめてあると、聞き手も話に集中できるし理解しやすい。

　それが3分以上になると、往々にして同じような内容を繰り返しているだけになり、結局何がいいたいのかわからなくなってしまいがちだ。

　この3分ルールは、分厚い企画書を説明するときにも使える。たとえば、10項目ある企画書なら1項目につき3分。説明にかかる時間は約30分だ。

　多少長く感じるかもしれないが、**1つの項目が3分でまとめられていたら、たとえ長くなっても聞き手にダラダラした印象を与えることはない。**

　講演会などで長時間、聴衆を飽きさせずに話す人がいるが、このコツをうまく利用して聞き手の気持ちをつかんでいるのである。

「呼び方」を変えるだけで近接度は変わってくる！

　大勢の人がいる場所で「そこのあなた！」と聞こえてきても、誰か他の人が呼ばれている程度にしか思わない。しかし「田中さん！」と呼びかけられれば、自分のことだと気づく。

　ある調査によると、人が最も愛着を感じる言葉は自分の名前だという。耳が敏感に反応するのも当然の話なのだ。

　こんなふうに誰もが愛着を持っている名前は、じつは強力なコミュニケーションツールになりうる。**話しかける際にその人の名前を呼ぶだけで、心の距離がグッと縮まってしまう**のだ。

　ビジネスの場では「御社」「○○会社」「部長様」などを使ってもけっして失礼ではないが、個人名で呼んだほうが「個」として認められているという実感が湧き、より親しみを覚えるのである。

　たとえば、役職に就いている人なら役職名だけでなく、「田中部長」や「山下課長」のように名前を前に置いて呼びかけるといい。部下も「きみはどう思う？」ではなく、「木村くんはどう思う？」と聞かれたほうが親近感が湧き、打ち解けやすい。

　ただし、**名前は必ず正確に覚えておくこと**だ。

　たとえば「河野さん」は「こうの」と読む場合もあれば、「かわの」と読む場合もある。「中田さん」も「なかた」だったり「なかだ」だったりする。

　読み方が何通りかある場合や、難しい漢字を使った名前はきちんと確かめておきたい。

　名刺を交換したときに忘れないうちにメモをしておくと、時間が経ってからでも忘れずにすむだろう。

記憶に残る「自己紹介」はアピールの仕方が違う

　第一印象は、のちの人間関係を左右する。だから、相手との関係を築くための最初のハードルである**自己紹介は、その他大勢の１人に紛れないための工夫が必要**だ。

　たとえば、**自分の「セールスポイント」をアピール**してみる。といっても、単なる自慢ではない。
「○○を担当したおかげで、たくさんのお客さまのご相談にのってきましたので、きっとお役に立てると思います」とか「先日、○○ランキングでは顧客満足度ナンバー１をいただきました」といった、相手にとってメリットになる情報を盛り込んでおくのである。

　自分の得になりそうな情報を耳にしたときには、誰しも敏感に反応するものだからだ。

　また「サッカーがお好きなんですよね。私も大好きなんです」のように、趣味や出身地、持ち物のメーカーなど、**「共通点」を持ち出す**のもいい。心理学的にみても、人は類似性がある相手には親しみを覚えるのである。

　それから、若干の**「自己開示」**も有効だ。つまり、プライベートな話を軽く交えてみるのだ。人は、人間的な側面をみせられると無条件に好感を抱きやすくなる。

　さらに**"感謝""感激""関心"を示すフレーズをプラス**できれば、効果が高まる。「お目にかかるのを楽しみにしていました」「貴重なお時間を割いていただき、ありがとうございます」といわれて、悪い気がする人はいない。

　心理学で「好意の返報性」と呼ばれるが、好意を示せば相手も好意を返してくれるものなのだ。

「雑談力」を磨けば交渉はスムーズにいく

　打ち合わせに臨む際は、本題を重視するのは当たり前だが、**雑談もおろそかにしてはいけない。**

　雑談は、一見軽いやりとりのようにみえて相手の緊張や警戒心を緩め、円滑なコミュニケーションの潤滑油となる。相手を見る目が変わることもある。

　とはいえ、あまり人が知らないような蘊蓄を披露したり、ましてや笑いをとる必要はまったくない。雑談の話題としては、一般的に話題になっていて、なおかつビジネスに関連してくるものがふさわしい。となると、**情報源として重宝するのが新聞**だ。

　新聞は隅から隅まで目を通す必要はなく、興味のある記事や仕事に関係するものを拾い読みしておく。さらに、気づいたことや気になった数字をノートに書き留めていこう。

　数字を眺める習慣がつくと、経済や経営関連の大まかな動きを把握できるようになる。ここを押さえておけば、話のわかる人物だと思われるだろう。

　また、基本的な情報と知識を集めるだけでなく、自分なりの考察を深めておけば、雑談力にぐっと磨きをかけることができる。

　雑談とは、相手が話しやすいムードを演出するために会話をスムーズにするとっかかりでもある。

　先方の関心がどこにあるかわからないからこそ、話題は豊富にあったほうがいいのだ。

雑談力ドリル

質問①

取引先を接待することになりました。さて、あなたなら何と言って声をかけますか。

「　　　　　　　　　　　　　　　　　」

質問②

初対面の人と2人きりで時間をつぶすことになりました。自分の趣味の話をしても、相手が興味を持ってくれず会話が続きません。どうすれば、会話を盛り上げることができるでしょうか。

質問①の答え

今夜、一席もうけさせていただけませんか。」
何か楽勝です。「ご接待させていただけますか」「ごちそうさせていただきたいのですが」はNGです。
過度に接待を申し込まれては、誠実ではなく失礼上司に相談しましょう。

質問②の答え

相手の趣味について聞いてみましょう。たとえば、「私もテニスが趣味で、よく週末に妻と楽しんでいます。○○さんは、何かスポーツをやっていますか？」などと質問を重ねて話ってみるのです。聞き上手になってこそ、相手が興味を持ってくれなければ、自分自身のことを話そうとしたでしょう。

STEP 4

「プレゼン力」
より魅力的に演出する技術

多くの人が苦手としているプレゼンテーションだが、いくつかのポイントさえ押さえておけば恐るるに足らずだ。すぐに使える目からウロコのプレゼン術とは？

口下手な人もテンポよく話せるスピーチ原稿の構成とは？

　長く話したわりには、相手に今ひとつ内容が伝わらないということは多い。こういうパターンに陥る人には共通点がある。それは前置きが長かったり、話題が多すぎることだ。

　ひとつのスピーチを10だとして、本題に入るのが5〜6分目あたりだとすると、前置きだけで相手の脳の容量は目いっぱいになり、残量はごくわずかしかない。

　しかも、話す時間が5分しかないのに、3つも4つも話題を入れると、結果として1つの話題は1分そこそこしかなく、どれも中途半端に終わってしまう。

　伝えたいことはできるだけ簡潔にまとめテンポよく話すようにすれば、イメージどおりに伝わるのだ。

　また、話題が多すぎると「すぐ脱線する」というネガティブイメージもつきかねない。

　話術を身につけるまでは、確実に1つの話をするようにしたい。

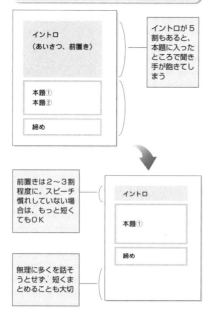

スピーチは詰め込みすぎないことが上達への第一歩

オバマ大統領、キング牧師…スピーチ上手な人たちの共通点

1話

　第44代アメリカ大統領のオバマ氏は黒人初の大統領として注目を集めたが、彼を一躍有名にしたのはやはり就任演説だろう。

　なぜ彼の演説はアメリカ国民の心を動かしたのか。それは「明確なテーマ」があったからである。

　スピーチをするとき、「話し方のうまさ」が「スピーチのうまさ」に直結していると考える人も少なくない。

　しかし、それ以上に大事なのは**「テーマが明確で話がぶれないこと」**なのである。どんなに話術に長けている人でも、テーマが見えなければ「口が達者な人」という印象だけで終わってしまう。

　同じくアメリカ人でノーベル平和賞を受賞したキング牧師もまた、半世紀経ったいまでも語り継がれる演説の名手である。

　彼の「I have a dream」（私には夢がある）という言葉が人々の心をつかんだのは、その夢が「人種差別撤廃」という確固たる主張を明確に表現しているからなのだ。

　彼らに学びたいのは、**明確なテーマを持つということが、いかに人の心をつかむか、**ということだ。これさえはっきりしていれば、迷いのないスピーチができるのである。

まずはテーマを明確にして情報の枝葉を伸ばす

```
           プレゼンのテーマ
         ／      ｜      ＼
       展開①  → 展開②  → 展開③ → 総まとめ
        ｜        ｜        ｜
       事例①    事例①    事例①
       事例②    事例②    事例②
```

133

脳の"整理棚"を利用すれば理路整然と話せる

　完璧な用意をしてプレゼンに臨んだのに、先方の気持ちを動かすことができなかった——。こんなときにチェックしてほしいのは、相手が理解している度合について、配慮したかということだ。

　あなたにとってはずっと温めていたことでも、相手にとっては初めて聞く話である。相手の脳はあなたよりもずっと遅いスピードで情報を整理している可能性があるのだ。

　人間の脳内には"整理棚"のようなものがあって、入ってきた情報をそれぞれ収めるべき位置に仕分ける作業が行われる。

　まず、聞いた情報の本質を理解し、その情報をどこに仕分けるか判断する。そのうえで、自分なりに理解して整理棚にしまうのである。この一連の作業には一定の時間がかかる。

　あなたが話を3割まで進めたとしても、相手がまだ1を整理していれば、その間に話した内容は伝わっていないかもしれない。

　これを防ぐには、**プレゼンの展開に脳内作業時間をあらかじめ組み込んでおくこと**だ。時間がかかりそうな項目は意識的にゆっくり話したり、ちゃんと相手に伝わるように丁寧に説明する。

　何に関する話なのか、それが全体の中でどんな位置づけになるのかは、相手の脳内整理棚をイメージしつつ、折りにふれてフォローしたい。

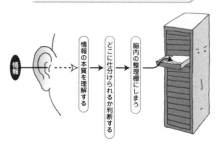

情報が脳内の"整理棚"に収納されるまで

情報 → 情報の本質を理解する → どこに仕分けられるか判断する → 脳内の整理棚にしまう

視覚型、聴覚型、感性型…
プレゼンは相手のタイプに合わせる

　同じ内容のプレゼンをするにしても、相手によってアプローチ方法は変えたほうが成功する確率が高い。それには、相手が**「視覚型」「聴覚型」「感性型」**のどれに当てはまるかを、まず見極めてみることが先決だ。

　視覚型というのは、文字通り目からの情報に敏感なタイプの人のことだ。たとえば、「○○さんは△△に似ている」などと表現したりして、物事を視覚的にとらえる。こういう人が相手の場合は、ただ言葉だけで内容を伝えるのではなく、フローチャートなどを使ってプレゼン内容を視覚化して訴えるといい。

　次の聴覚型は、目で見た情報よりも耳で聞いた情報への理解度が高い人を指す。ただし、そのぶん説明が甘かったり内容に矛盾点があったりすると、すぐに突っ込まれるので、プレゼンをする内容に筋が通っているか十分確認する必要がある。

　そして最後の**感性型だが、こちらのタイプは第一印象や直感を重視する**傾向にある。ひらめきには長けている反面、ムードに流されやすい部分もある。したがって、プレゼンの場では極力いい雰囲気をつくるのが大切だ。

　もちろん、この3タイプへの対策が同時にできていれば、プレゼンの完成度は高い。最終的にはそこを目標にしたい。

プレゼンの相手がどのタイプかを見極めよう

視覚型
・情報を「絵」でとらえるタイプ

イラストや写真を使って視覚に訴えると効果的

聴覚型
・耳で聞いた情報への理解度が高いタイプ

理路整然とした説明なら納得させやすい

感性型
・第一印象や直感を重視するタイプ

感性に訴える演出されたプレゼンが効果的

テンパった状態から一瞬で抜け出す"決め動作"

　会議やプレゼンなど大勢の前で話していると、何かのきっかけで言葉に詰まったり、予定していた話題を抜かしてしまったりして、いきなり緊張し始めて"テンパる"ことがよくある。そんなときのために**自分を落ち着かせる"動作"を決めておこう。**

　大袈裟なことでなくていい。たとえば、話すのをやめて深呼吸をする、ハンカチで額を拭く、マイクがあれば、そのマイクスタンドの位置を少しずらす、といった簡単な動作でいいのだ。

　講演会などでは、紹介されて話し始める前に、わざわざ用意されている水を何口か飲む人がいる。喉が渇いているのなら壇上に上がる前に飲んでくればいいのにと思うが、じつはこれも、その人なりの緊張を抑える工夫であることが多い。

　また、腕時計を外し、文字盤を見てから卓上に置いて、それから第一声を発する人もいる。

　これはけっして時刻を気にしているのではない。そうすることで「緊張感が抑えられる」という1つの習慣になっているのだ。

　このように**「自分はこの動作をすることによって落ち着く」という動き**を決めて、"テンパる"のだけは避けたいものである。

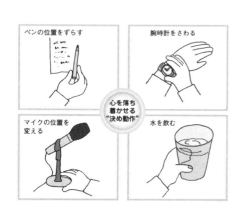

プレゼンでのプレッシャーを取り除く「視線」の動かし方

アガリ症の人は少なくない。しかし、仕事となればアガリ症などとはいっていられない。何とかして克服したいものだ。

では、どうすればいいのかというと、**ともかく人前に出る経験を重ねること**である。

といっても、いきなり大勢の前に1人で出ていき「プレゼンしてみろ」といわれても無理だろう。小さな経験を重ねて、少しずつでいいから慣れていく。単純だが、これこそが唯一にして確実な方法だ。

たとえば、人が大勢集まる場所では、**とくに用がなくても前のほうに座り、多くの人の視線を意識的に浴びる**ようにする。アガリ症の人は、それだけでも他人の目が気になってそわそわしてしまうものだが、こういう場に慣れるだけでもかなり違ってくる。

さらに、他の人がプレゼンをしているときに、上司などに協力してもらい、**メモでも資料でも何でもいいので、わざと壇上に届けなければならない状況をつくる**。これも本人にとってはかなりプレッシャーになるはずだが、いい練習になる。

そのうち、プレゼンをしている人の**助手として同じ壇上に立ち、何もしなくていいから大勢の人の注目を浴びる**ようにするといい。そして、それに動揺しなくなったら、今度は壇上から出席者1人1人の顔を見るようにする。

「今日はどんな人がいるか、しっかり見ておこう」と自分に課題を課すことで、何とか1人ずつの顔を見ることができるはずだ。

そうして相手が見えてくると不思議なもので、少しずつ落ち着いてくるものである。相手がどんな人間かをきちんと事前に把握する、これが緊張しないコツなのだ。

誰でもたちまちスピーチ上手になる"映像化記憶法"

 同僚の結婚披露宴でスピーチを頼まれた！ 人前に出ると頭がまっ白になって、せっかく暗記した内容も出てこないくらいあがり症の人にとっては胃が痛くなる頼まれごとである。
 しかし、そんな人でもスラスラとスピーチができる秘策がある。それが"映像化暗記"だ。**話したい内容のイメージを何枚かの絵に分けて記憶し、スライドショーのように順番に思い出しながら話す**という方法なのだ。
 スピーチの内容を「どんな場面で」「誰に対して」「どういう行動をとったか」など数枚の**映像に分けて暗記するだけで、そう簡単には忘れなくなる**のだ。
 また、原稿の丸暗記では棒読みになりがちだが、**映像化して記憶しておくと自然な口調で話せる。**
 仕事の場でもおおいに活用したいテクニックである。

プレゼン直後の「10分間反省会」が次のプレゼンに生きる

　成功したビジネスでも、じつは数々の失敗をして試行錯誤の末にたどり着いた結果である場合が多い。「反省」には多くの教訓が含まれているものだ。

　プレゼンに関しても、**次なる成功のカギはこの「反省タイム」にある**といえる。プレゼンに失敗したときはもちろん、成功したときこそ、やりっぱなしにするのではなく**プレゼンしたメンバーを集めて振り返る**時間を持ちたい。

　そこでよかった点や悪かった点、改善したほうがいい点などを片っ端から出していく。**プレゼン中の相手の反応など、自分では気づきにくい点を指摘してもらう**のもいい。

　時間が経ってしまうと人間の記憶は曖昧になり、細かなことは思い出せなくなる。

　翌日に1時間のミーティングをやるよりも、プレゼン直後10分間の反省のほうが確実に次回に活かされるのだ。

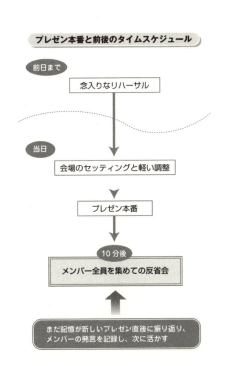

プレゼン本番と前後のタイムスケジュール

前日まで → 念入りなリハーサル

当日 → 会場のセッティングと軽い調整 → プレゼン本番 → 10分後 メンバー全員を集めての反省会

まだ記憶が新しいプレゼン直後に振り返り、メンバーの発言を記録し、次に活かす

"超一流のプレゼン"を簡単に自分のモノにする方法

　何事もお手本があるのとないのとでは大違いで、プレゼンに関しても上手な人のプレゼンをゆっくり観賞する機会があるなら、それに越したことはない。

　そこで**おすすめしたいのが動画サイト**である。

　たとえば**世界に名だたるリーダーのスピーチや注目企業のトップ対談**のように、手本にできそうな動画はかなりある。

　「プレゼンテーション」で検索すれば、動画はたくさんヒットする。世界的規模のプレゼン大会「TED」の動画アーカイブもおすすめだ。

　とりわけ、**他人にアドバイスを求めにくい導入や締め方、言葉のトーンや話の運び方**などはおおいに参考になる。

　プレゼンの能力はそれだけで飛躍的に上がるのだ。

動画サイトで学べるプレゼンのポイント

プレゼンテーションの手法
- 資料の見せ方
- 会場の雰囲気
- 全体の流れ

プレゼンターの動き
- 声のトーン
- 話し方や話すスピード
- 目線

上級者のノウハウ
- プレゼンの始め方
- "間"の取り方
- プレゼンの締めくくり方

プレゼンの見本は会議室ではなく"街"にある

プレゼンテーションと聞けば、会議室でプロジェクターを使い、出席者に資料を配って出席者の前で説明をする。そんな様子を思い浮かべるに違いない。

しかし、**プレゼンという行為の本質は、「伝達」と「提案」に**あり、実際はさまざまな場所で行われている。政治家の街頭演説も、迷っている客に店員がどの商品がおすすめなのかを説明するのも、プレゼンである。

ビジネス書などでは、パワーポイントやプレゼンボードなどといった必須ツールが紹介されていたりするが、資料の提示方法はその人なりのやり方があっていいはずだ。**マニュアル本に載っていないプレゼンにあえて挑戦してみる**と案外勉強になるものだ。

たとえば、百貨店などではキッチンツールの実演販売をやっているが、あれも立派なプレゼンだ。

このような"パフォーマンス"をプレゼンに取り入れられるなら、相手は新鮮な印象を受けるだろう。

プロジェクターを使用するならデータや資料ではなく、イメージ映像を流してもいい。

営業の場でいきなりやるのがリスキーなら、まずは部内の研修などで実践してみてはどうだろうか。

プレゼンが効果的になるならマニュアル本に頼る必要はない

実演販売風プレゼン

たとえばこのように使うと…

BGMを使って感性に訴える

プレゼンを成功させるために必要な「4つの要素」とは

　プレゼンで最も大事なのは内容、すなわち**「コンテンツ」**だ。その内容が誰にとっても魅力的であることが大前提だ。コンテンツを考える発想力や企画力がまずは必要といえるだろう。

　次は話の**「組み立て」**である。同じ企画のプレゼンでも、説明の順序や話の展開しだいで相手の印象はまったく変わってくる。

　たとえば、メリットばかりを優先して説明し、最後に申し訳程度にデメリットの話をつけ足すようなら、相手には不安な印象だけが残ってしまう。メリットとデメリットを交互に挟むなど、企画に対する独自の分析を織り込みつつ、相手にわかりやすい順序で説明するのがポイントだ。

　そして、その次に必要なのが**「伝達力」**である。プレゼンはその内容をいかに相手の心に「訴えかけられるか」が重要になる。

　言葉はできるだけ簡潔に、誤解が起きそうな箇所や言葉だけでは伝えきれない箇所は、資料などを添えて伝えるようにしたい。

　さて、最後に忘れてはならない要素がある。それは、あなた自身の**「存在感」**だ。存在感といっても一部のエリートが持っているオーラとかそんな意味ではない。「この人にしてこのプレゼン」というような、独自の存在感のことである。

　他の言葉に置き換えるなら、「個性」がいちばん近いかもしれない。たとえ口が滑らかでなくても、企画に多少不安要素があっても、最後はプレゼンをしている人間に魅力があればOKというケースは意外とある。

　プレゼンの前には、これらの項目を1つずつチェックしてほしい。そうすれば、突破口を見出すヒントになるはずだ。

プレゼンで大切なことは聞き手をどう"巻き込む"か

アップルの創立者である故スティーブ・ジョブズがそうであったように、**いいプレゼンターは聴衆を自分の世界に引き込むのがうまい。**

用意された資料や映像は、自分が伝えたい世界観を補足して説明するためのものであって、あくまでも伝えたいことは自分の中にある——。このような自信あふれる態度が、聞く人の心を引きつけて離さないのである。

だが、ふつうのビジネスパーソンがプレゼンに臨むとなかなかこうはいかない。つい手元の資料に頼ってしまい、準備したスライドどおりの順序で滞りなく最後まで説明しようとしてしまう。

そのため、説明に感情がこもっていなかったり、逆にムリに感情を込めようとして演技のようになったりすることもある。

本来なら人が主役となって「伝える」ためのプレゼンが、単なる資料の発表の場になってしまい、伝えたいことが伝わらないまま終わってしまうことはめずらしいことではない。

そこで**「伝えるプレゼン」のために、聞き手に参加意識を芽生えさせる工夫をしてみたい。**

たとえば、活発なゼミの授業を思い浮かべてみてほしい。講師が「〇〇についてどう思うだろうか」と問いかけると、ゼミ生はそれについて頭をめぐらせる。

次いで講師が「じつは、これは〇〇なのです」と種明かしをすると、ゼミ生は「へえ……」と驚き、「ほお……」と納得する。

このように**小さな問いをいくつか用意して、一緒に知恵を絞れば参加意識を高めることができる**。聞き手を巻き込むことができれば、そのプレゼンは必ず盛り上がること間違いなしだ。

質問①

プレゼンテーションのときに欠かせないのが話す内容をフォローする資料だが、資料の作り方として正しいものは次のうちどれ？

- **A** ページ数を余計に増やさないように1ページに盛り込める限りの情報を盛り込む
- **B** こちらの意図するところと異なって伝わる可能性があるので、図は多用せず文章を多くする
- **C** ページのレイアウトは「右から左」を心がける

質問②

プレゼンをする相手が多いときには、誰を見ながら話せばいいか迷うものだ。あまりにも目線をキョロキョロとさせてしまっては相手に落ちつかない印象を与えてしまう。では、大勢の人を前にして話すときに適した目線の動かし方はどのようなものだろうか？

質問①の答え…Cがメイン。ページに盛り込む情報はひとつのメッセージ（テーマ）に絞るように簡潔に作成する。1ページに詰め込みすぎると、分かりづらくなるうえ、聴衆が話を聞くよりも資料を読むことに集中してしまうから。また、あくまで話す内容の補足資料なので、視覚的に捉えやすいよう図やイメージを多用する。最後に、視線の流れは「左から右」が自然だ。

質問②の答え…ワンセンテンス、つまり、1つの文章を語る間に別の人にページや資料を動かす。そうすることで、1つのページに少しずつ「目線をかけてもらえている」という印象を与えることができる。また、部屋の端のほうに居る人にはなるべく頻繁に目線をかけると親切だろう。

STEP 5

「心理話法」

相手を確実に操る禁断の話術

何気ないセリフも、相手の心理を逆手にとれば十分に心に響かせることができる。相手を自分の思い通りに操るための禁断の「心理話法」を紹介しよう。

相手に「イエス」といわせる2つの禁断テクニック

相手に**「イエス」といわせる禁断テクニック**を2つ紹介しよう。

たとえば、1日の仕事が終わって帰ろうというときに上司から「すまないが、ちょっと手伝ってくれないか」と頼まれた。ちょっとだけなら、と手伝う人がほとんどだろう。

さらに数日後、同じ上司から「悪いけど、今日もちょっと手伝ってくれないか」といわれた。ところが、今度は大変な作業を手伝わされるはめになった……。と、こんな経験はないだろうか。

ここでポイントとなるのは、「ちょっと」という言葉と、すでに一度手伝っているという事実だ。

一度受け入れてしまうと、頼まれた人はその後もなかなか断わることができなくなる。なぜなら、以前は承諾したのに、今回は断われば自分の行動に矛盾が生じると思ってしまうからだ。

じつはこれ、**「フット・イン・ザ・ドア・テクニック（一歩踏み込む法）」**という心理テクニックなのである。

最初は誰もが「イエス」と答えるような要求をしてOKをとり、そのあとで大きな要求をして相手を断われなくする方法である。

これとは正反対の方法で、**「シャット・ザ・ドア・イン・ザ・フェイス・テクニック（拒否させたから譲歩させる法）」**というテクニックもある。

これは、**最初に相手が「ノー」というような無理な要求をして断わらせておいて、今度はその要求を一度譲歩するかのように見せかけて、本来の要求を通す方法**だ。

相手は最初は断ってしまったという負い目があるから、2度目の要求はすんなりと応じざるをえないのだ。

上司に気に入られるには「仕事の質」より「会話の質」

上司も1人の人間である。有能すぎる部下は競争社会に身を置く者にとっては脅威にちがいない。

サラリーマンが直属の上司に嫌われたら、それだけでもう会社にいづらくなってしまう。そこで、**頭が切れることをアピールする前に、まずは上司に気に入られる部下になること**が必要だ。

やり方は簡単だ。たとえ自分のほうが有能であっても、**上司を立てて脇役に徹するのがルール**である。

たとえば、何か大きなプロジェクトを決行するかどうかを、上司が決断できずにいるとしたら、「私ならこうします！」と自分の意見を押しつけるのではなく、「私はこう思っていますが、いかがでしょう？」と上司の意見を伺うような言い方をしてみよう。

上司にしてみれば、有能で控えめな部下が自分の補佐をしてくれているように思えるだろう。

また、普段から論理的な話し方で接するのも避けたい。自分がいかに切れ者かを見せつけていると思われかねないからだ。

ある程度デキる部下だと匂わせつつも警戒心を抱かせず、人間的に魅力があると思わせればしめたもの。

あとは継続的に「並」の社員以上の成果を上げていけばいい。

切れ者の部下に補佐してもらえると上司はうれしい

「無理なお願い」もすんなり通る "メリット強調法"

　抱えている仕事をこなすだけで手一杯なときに限って、新しいことを次から次に頼まれてしまったりする。

　まさに猫の手も借りたい状態だが、ほかの人たちもたいてい仕事に追われていて、とても手伝ってもらえそうにない。こんなときは、**その仕事のメリットを強調して頼んでみよう。**

　たとえば、展示会に新製品を出品したいが、バイヤーと商談する営業マンの手が足りなかったとしよう。

　こういう場合に「ちょっと手を貸してもらえない？」と頼んだのでは、多忙を理由に引き受けてくれない可能性がある。

　そこで「展示会を手伝ってもらえないか？　業界関係のバイヤーが大勢来るので君の欲しい情報を手に入れられるかもしれないよ」といってみる。すると、頼まれた人は興味を示してくれるはずだ。

　相手のメリットを考えて頼むと思いのほかうまくいくのだ。

お願いするときは、〝メリット〟という手みやげと一緒に！

相手のやる気を左右する「−」の言い方、「＋」の言い方

たとえば、部下が何か失敗をしたとき、主語を「君は……」「お前は……」のように二人称にすると、そのあとは「どうして〜したのだ」「〜するなんて何を考えているんだ」のように、相手を責めるようないい方をしてしまいがちだ。

ところが、**主語を一人称である「私は……」に変えてみる**と、あとに続く言葉も、「**〜してもらいたい」「〜してくれると嬉しい」という具合に、自分の気持ちを相手に伝えるようないい方**になる。

これが俗に「**マイナスの言い方、プラスの言い方**」と呼ばれる言い方だ。

「マイナスの言い方」になるときは主語が二人称や三人称である。つまり、第三者の立場で言及する形になるため、無意識のうちに相手を批判するような言葉になってしまうのだ。

たとえ非は自分にあるとしても、否定的なモノの言い方をされるとしだいに不平や不満が募っていって、仕事に差し障ることもあるだろう。

一方、「プラスの言い方」の場合は、相手は注意をする側の思いやりを感じる。前向きな気持ちで仕事に向かってもらうことができるのだ。

落ち込んでいる人には慰めの言葉よりこんなひと言

　うつ状態に陥っている人に「がんばれ」という言葉をかけるのは厳禁だといわれる。「がんばりたいのにがんばれない」で苦しんでいるのがうつ状態だからだ。

　失敗して落ち込んでいる人にも同じことがいえる。

　たとえば、仕事上のミスを引きずって、次の仕事にとりかかることができない同僚がいるとしよう。がんばらなければならない局面であるのは本人が一番わかっているのに、追い討ちをかけるように周囲の人から励まされると、それがさらに「放っておいてくれ」という後ろ向きな心境に拍車をかけてしまうのだ。

　落ち込んでいる人を励ますなら、まず気持ちを切り替えさせるためのひと言が必要だ。**「誰にも過ちはある」「じつは以前、似たような失敗をしたことがある」と切り出されるだけで、相手の気持ちはずっと楽になる**ものだ。

　そして、沈んだ気持ちが回復するのを見計らって一緒に反省点を洗い出し、今後の対策を考えていくといい。**抽象的なエールを送るより、具体的なアイデアを一緒に練っていくことがいちばんの薬**なのだ。

　こうすることで、失敗した人は、あなたを信頼できる人だと思うようになるだろう。結果的に周りからの評価も上がるにちがいない。

〈さらに重荷になる言葉〉
しっかり！
がんばれ！
ズッシリ…

相手のプライドを傷つけずにサラリと文句を伝える技術

1話

人は自分に対して否定的な言葉が発せられると、「なんだとぉ！」と反発心を持つものだ。とくに第三者がいる前で「そんなこともわからないの」などといわれた日には、プライドを傷つけられ、それまで築いてきた信頼関係でさえ崩壊しかねない。

また、「何度も申し上げましたが……」や「前のご担当者は〜してくださいました」という言い方も、相手がバカにされていると受け取ることがあるためタブーである。

だからといって、不満や要望を呑み込んだまま仕事をするというのもストレスが溜まるもの。言いたいことは、やはりきちんと伝えるべきだろう。

そのときにはとにかく否定的ないい方を避けて、「わからないことは、その都度解決していきましょう」とか「慣れるまで時間がかかるとは思いますが……」など、**相手の自尊感情を傷つけないように話すことが大切**だ。

「文句」の「ストレスレベル」

高
「そんなこともわからないの？」
「ぜんぜんダメだね」

「前の担当者は〜してくださいました」

中
「何度も申し上げましたが…」
「前にも言いましたけど…」

低
「わからないことは、そのつど、解決していきましょう」
「慣れるまでに時間がかかると思いますが…」

心理話法ドリル

質問①

同僚とちょっとした口論になり、気まずい雰囲気になってしまいました。仲直りをしたいと思っていますが、どのように声をかけるのがいいでしょう？

質問②

次のふたつの文のうち、いい印象を抱くのはどちらですか。

- Aさんは知的でとてもまじめな人です。
  でも、気の強いところがあります。
- Aさんは気が強いところがあります。
  でも、とてもまじめで知的な人です。

質問①の答え
素直に謝る

ぎくしゃくした相手から声をかけられると身構えてしまいがちだが、「ごめん。しかし、大人として自分から謝るのは、先に言葉をかけるほうが気持ちを和やかにするか、すなおに謝ることでしょう。

質問②の答え
下の文
最初が好意的な印象があとにくるか、後にくるかで、下の文のほうが印象に残ります。最初が好意的な印象がないと、そうしてその印象が強くなってしまうからです。

「話す力」クイズ

質問

Q1 新製品の宣伝会議で、初めて全メンバー6人が揃いました。ところが、中心になるはずの上司が病欠。残り5人の中で最年長のあなたは「ここは自分がビシッとリーダーシップをとろう」と考えました。さて、どの席に座ればいいでしょうか。
①ともかく角の席
②人数が多い側の真ん中の席
③人数が少ない側の真ん中の席

Q2 新しい企画について上司に重要な相談事がありますが、約束の時間に上司の部屋に行くと、急な仕事が入ったのか他の社員と忙しそうにしていて、話を切り出す雰囲気ではありません。今後のことを考えたら、どうするのがいいでしょうか?
①相談内容を簡単にまとめて急いで話す
②途中まで話して、残りは次の機会にする
③話すのをあきらめる

Q3 駅までバスで15分の大型団地に住むAさん。団地前から出るバスは、乗客のほとんどがその団地の住民で、顔見知りばかりです。また歩いて2、3分ほどの別のバス停でもバスに乗れますが、そちらの乗客は知らない人ばかりです。どちらもぎゅうぎゅうのすし詰め状態ですが、なるべく快適なほうに乗りたいと思ったら、どちらのバスを利用すべきでしょうか。

※答えは次のページにあります

答え

A1　③人数が少ない側の真ん中の席

【解説】人数が少ない側、つまりふたりの側に座るということは、裏を返せば、多くの相手と向き合うということです。そうすれば、常に多くの相手の言動をチェックできるし、全体の流れが把握しやすいので、自然と意見をまとめたり話の方向性を決める機会も多くなります。その結果、リーダー的なポジションになり、主導権を握れるようになるのです。

A2　②途中まで話して、残りは次の機会にする

【解説】もし無理をして全部話しても、忙しい上司は話半分で、しかも「一応全部聞いた」と満足して、あとは忘れてしまいがちです。人は達成できた事柄よりも、達成できなかった事柄や中断している事柄のほうをよく覚えているものです。これを「ツァイガルニク効果」といいます。そこでこれを利用し、話をあえて途中でやめるのです。すると「まだ全部聞き終えてない」という緊張感が続き、上司の記憶に残るのです。

A3　知らない人ばかりのバス

【解説】顔見知りが多いほうが気がまぎれていいと思いがちですが、満員のバスで身体が密着するとなると話は別です。他人を人格のない「モノ」のように考えられれば、密着状態でも我慢できます。しかし、少しでも見知っている相手ではそうはいきません。かえって気まずくなって、居心地の悪い思いをするハメになります。結果的に、精神的に疲れてしまうのです。

質問

Q4 「よし、このアイディアは絶対にいける！」。あなたは自信満々で会議に参加します。そんなとき、その自信のあるアイディアはどのタイミングで発表するのが理想的でしょうか？
①議論が始まってすぐの序盤
②議論が盛り上がってきた中盤
③そろそろ議論が終わりかけている終盤

Q5 遠方での会議に出席するため、上司や他の社員数人で新幹線に乗っています。打ち合わせのために座席を向かい合わせにしたのですが、一番若くて平社員のあなたは、どこに座ればいいでしょうか？
①進行方向を向いた窓際の席
②進行方向を背にした真ん中の席
③進行方向を背にした通路側の席

Q6 あなたは、対面でクレーム処理をする担当になりました。上司から、身だしなみにも十分に気をつけるようにいわれたのですが、上司がいうには、クレーム処理に効果絶大なシャツの色があるとか。さて、何色でしょうか？
①黒
②グレー
③白

※答えは次のページにあります

答え

A4 ③そろそろ議論が終わりかけている終盤

【解説】人は、最後に出た意見や情報に影響されやすいという性質があります。さまざまな議論が飛び交った会議の結果が、結局は一番最後に出た意見に落ち着きがちなのは、そのせいです。逆に、会議の序盤に出た意見は、まだ時間がたっぷりあることもあって反対されやすく、出席者が疲れてきた中盤はどんな発言も印象が薄くなりがちです。

A5 ②進行方向を背にした真ん中の席

【解説】進行方向を向いた窓際が最上席、次が進行方向を背にした窓際の席、そしてどちらの方向でも同じですが、中央が"下座"となります。あとは進行方向を向いた方の座席は、進行方向を背にした席よりも「上」と覚えておけば、おのずとわかるはずです。

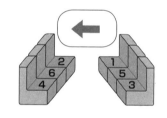

A6 ③白

【解説】色彩心理学では、白は「純潔」「新鮮」「汚れがない」「再スタート」などを意味します。クレームの多くは、企業にとってステップアップするための貴重な財産です。真摯な態度でクレームを受け止めて、心機一転して再スタートをきるという姿勢を表わすためには、白が最も効果的なのです。

第 3 部

「聞く力」が面白いほど身につく!

なぜ「聞く力」が必要なの？

相手のことを深く知るためには、話す力も大切だが、それ以上に「聞く力」がポイントになる。いわゆる"聞き上手"な人は、相手の乗せ方もうまい。共感したり、逆に質問を投げかけたりして相手にもっと話してもらえば、好感力も増してくる。

聞く力
- 傾聴力
- 質問力
- 回答力
- 好感力
- 根回し力

が身につくと

みるみる「評価」が高まる！

STEP 1

「傾聴力」

相手の本音を見抜く聞き方のコツ

相手の本音や必要な情報を手に入れたいなら、相手に対してやみくもに質問を投げつけるだけではダメだ。プロのインタビュアーも実践するヒアリングのコツとは？

相手の「聞いてほしい心理」を くすぐる3つの動作

人には誰でも「自分の話を聞いてほしい」という心理がある。

そこで、これを利用してというわけではないが、**相手に何かモノを尋ねるときは「教えを乞う姿勢」に徹する**といい。

たとえば取引先でも、ちょっとわからないことがあれば遠慮なく「勉強不足で申し訳ないのですが……」と解説を求めるといいのだ。

ビジネスの現場でこうした姿勢をとることは、けっして相手を不快にさせるものではない。むしろ、自尊心をくすぐり気分を良くさせる効果があるのだ。

では、こちらはどのような態度で聞けばよいか。

そこはやはり熱心に耳を傾け、話の途中でさらにわからないことが出てくれば「その部分をもう少し詳しくお願いします」とか「では、このような場合はどうなりますか?」などと、質問を重ねてもいい。

話を進めていくうちに、場合によっては相手から思わぬ情報を聞き出せる可能性だってあるのだ。

話を聞きたい、**教えを乞いたいという姿勢が伝われば、その会話にはプラスアルファの効果が出てくる**のである。

誰でも「話を聞いてほしい」という心理を持っている

聞いてほしいという心理

聞く姿勢
①熱心に聞く
②うなずきながら聞く
③真面目に聞く

会話を盛り上げるなら「話し上手」より「話させ上手」

聞

　話し上手といわれている人は少なくないが、よく見ていると、じつは2種類のタイプの人がいることに気がつく。

　まずは、常に話題を提供し、その人を中心にみんなが会話をしているタイプだ。場の盛り上げ役としてはうってつけである。

　ただし、こういう人は「自分が話さなければ誰が話す」とばかりにしゃべり続けるから、聞くほうとしては疲れたりする。しかも気がつくとまわりは相槌ばかりで、つまり会話として成立していない。

　一方で、同じ話し上手でもまったく異なるタイプが**「話させ上手の話し上手」**だ。相手が何を聞きたがっているか考えながら話すので、相手は積極的に会話に乗ってくることができるのだ。

　さらにもう1つの特徴は、相手が何を話したがっているか察して、それを引き出すような話題を提供することだ。相手は、自分がそれを話すように仕向けられているにもかかわらず「この人と話していると、自分を出せて気分がいい」と口もなめらかになる。

　こう考えてみると、**本当に中身のある会話をすることのできる話し上手とは、相手の欲求を正確に受け止めることができる聞き上手の人**ということになる。

161

自然体を演出する「目線」の動かし方

　相手の目を見て話すのが苦手な人は多いのではないだろうか。

　イギリスの心理学者アーガイルの説によれば、人が一対一で話す場合、相手と目を合わせている時間は一般的に全体の30〜60パーセント程度だという。そのくらいが自然な状態なのである。

　ということは、**意識して視線をずっと合わせているほうが逆に不自然**である。相手の目を見てばかりいると、かえって何か特別な感情があるのではないかと誤解されてしまうこともあるからだ。

　必要なのは相手の目を見ることでなく、自然なアイコンタクトだ。**むしろときどき視線を外し、しばらくしてまた戻すほうが自然さを演出できる。**

　視線を戻すときも、軽い笑顔とともに「やさしい視線」を送ると好感を持たれる。こうすると相手の緊張感もほぐれて、お互いにリラックスして話すことができるのだ。

　ただし、会話の最中になかなか視線を合わすことなく、顔をそむけたり、下を向いたり、上を向いたりしている場合は、相手からは好意を持たれていないか、あるいは何か隠しごとがあり本当のことを話していない可能性が高い。

　目は口ほどにものをいうのである。

相手の目を見すぎるのはかえって不自然

ドギマギ

聞き上手の人から盗むべき「決まり文句」と「決まり動作」

相手に話を聞くことは誰にでもできるが、スポーツや音楽などと一緒で会話には"センス"というものがある。もともと日本人には口下手な人が多いせいか、「この人はセンスがあるな」と思える人は少ないかもしれない。

それでもテレビやラジオでは、相手の本音や驚くような名言を引き出すように、うまく会話をリードしている人がいる。

堅物の政治家や無口なアーティスト、喋り慣れないアスリートなどに対し、彼らは巧みな話術で相手の心を裸にするのだ。

口下手な人は、こうしたインタビュアーを真似るのが手っ取り早い。

そうすることで話の切り出し方や質問のポイントなど、相手がつい話したくなるような質問力を体感できる。

上達への近道はモノマネすることである。プロ並みのスキルが会得できなくても、ヒントになることは間違いない。

好きなインタビュアーを真似するときの3つのポイント

言葉を真似する

「なるほど〜なんですね」「そうきましたか」など、相手が話を続けたくなる相槌の打ち方

"間"を真似する

相手の言葉に驚いたときや、感銘を受けたときなどにすぐに返答せずに"間"を持たせる方法

姿勢を真似する

前に乗り出したり、軽くうしろにのけぞってみたり、効果的なジェスチャーの取り入れ方

得する情報がどんどん手に入る "素人のフリ"作戦

　本当はよく知らないのに、つい知ったかぶりをしてしまう……。こんな経験は誰でも一度くらいはあるだろう。もちろん褒められたことではない。なぜなら、損をする確率が高いからである。

　たとえば商談で「説明しなくてもわかるよね？」という暗黙の空気が漂うとき、内心はわからなくても「もちろん知っています」という表情をしていれば、相手は話を先に進めてしまう。ところが、得てしてその部分が重要なポイントであることも多い。

　たしかに、相手に"説明不要"と判断された情報を自分が知らなければ「恥ずかしい」という意識が働くのは理解できる。

　しかし、**完璧な知識を持っている人はまずいないし、知らないことは恥ではない。むしろ「知らずに話を進めたことによって招く弊害」にこそ心を配るべき**なのだ。

　この自意識を取り払うには、"素人"になりきることである。**「その情報に関して（だけ）自分は素人である」と思い込めばいい**。そうすれば自然と聞くことに抵抗がなくなる。

　知らない情報に遭遇したときは、素人になりきって「説明をお願いします」と相手に求める。これだけでその情報は自分にとって有益になるはずだ。

弾む会話のポイントは「共感」より「相違」にあり

　自分の意見にいつも賛同してくれる人には、ついいい気になって話しすぎてしまうものだ。ところが、あとで思い返してみて、「何か物足りない」と感じることはないだろうか。

　普通に考えれば「相手に話を合わせる」というのは親近感を生むし、いいことのような気がする。しかし、**会話の本当の面白さとは、相手と自分の意見が異なることにある。**

　1つの話題をめぐって、相手が自分とはまったく違ったことをいい始めたとする。そこで「この人は自分とは違うな」と感じ、自分の感覚をシャットアウトして話す意欲がなくなってしまう人がいるとしたら、それはもったいない話である。

　もし、自分とは違う考えや意見を聞いたら「どうしてそう考えるのですか？」と自分との「違い」についてさらに突っ込んで聞いてみる。

　するとそこには、**自分が想像もしていなかった発想や着眼点があるかもしれない。**自分が否定していた考え方にも、まったく別のとらえ方があるかもしれない。

　だから会話をしているときに「違い」を感じたら、そこを掘り下げてみよう。それが、より深みのある会話へのきっかけとなるのだ。

「違い」を突き詰めると話は面白くなる！

人は言葉よりもしぐさ、目線、声のトーン…から判断する

　自分の考えを他人に伝えるときの手段とは、何か。
　もちろん、それは「言語」である。誰もが、どうにか言葉を駆使して相手に伝えようと思っているだろう。だが、それが聞く側に回ったときには違うように感じるはずだ。
　相手が発している言葉を確かに聞いてはいるが、それ以外にも**相手のしぐさや目線、声のトーンや大きさなどの「非言語」にも無意識のうちに注意している**のではないだろうか。
　たとえば、口では「いいですよ、構いませんよ」といっている人の表情が硬かったり、ちょっと不機嫌そうだったりしたら、本心ではきっと嫌がっているのだろうと読み取ってしまう。
　また、「大丈夫です」といいながらも顔が苦痛でゆがんでいたら、絶対に大丈夫ではないと知ることができる。
　つまり、**言語と非言語が一致していなかったら、人は非言語のほうからより多くの情報を得ようとする。非言語から伝わるメッセージのほうを信用しようとする**のだ。
　このことを踏まえれば、人にメッセージを送るときには言語と非言語を必ず一致させる必要がある。
　「自信を持っておすすめします」といいながらも、声に自信がなさそうだったり、目線が上目遣いだったりしたら、本当は自信がないのではないかとか、何か都合の悪いことを隠しているのではないかなどと勘ぐられてしまう。
　そんなつまらない損をしないためにも、マイナス要素になるような自分のクセを見つけておきたい。そして、**常に言語と非言語を一致させるように心がけることが大切**だ。

「批判は視野を広げるツール」と考える

「批判は視野を広げるためのツール」である。

たとえば、熟慮を重ねまとめ上げた企画を会議でプレゼンし、このとき出席者から「価格が高い」といわれたとする。

もちろん、新商品を企画する際に、もっと安い価格にできないかどうかについては検討をしたはずだ。

しかし、ここで企画のよさを一方的に訴えていたのでは、通る企画も通らなくなる。それより、なぜ相手は価格が高いと思うのか、そのことを疑問に感じて素直な気持ちで批判に耳を傾けたい。

すると相手は少子化で今後購買層が変化してくることやライバル企業が類似商品の開発に乗り出していることなど、自分が考えなかったことや知らなかったことを教えてくれるかもしれない。こうした意見を取り込めば、より完成度の高い企画になるのだ。

このように、**さまざまな視点の情報を取り入れることでより自分の考えを完璧にしていくことを「オズボーンの発想法則」**という。アメリカでは成功の法則の1つとしてよく知られている。

相手から批判を受けたら、それは気がつかなかったことを教えてくれる「金言」だと思い、積極的に利用したいものだ。

傾聴力ドリル

質問①

締め切りを過ぎているのに書類を提出してこない後輩に注意をしたところ、「申し訳ありません。とにかく急いで仕上げます」と、明らかにこれから取りかかる様子だ。後輩は反省しているようだが、こんなときはどんな態度をとればいいだろうか。

A 反省もしているようなので、信頼して書類を提出してくるのを待つ
B 提出日を具体的に提示させる
C その場で書かせる

質問②

話を聞いている相手が次に挙げるような動作をしてきたら、その人はウソをついているか、あるいは話の内容にうしろめたいことがある可能性が高い。さて、相手の動作で注意しておきたいのはどれだろうか？

A 何度も鼻の頭をかく
B 自分の頬にふれる
C 口元を隠すようにする

質問①の答え…B

Aのように任せてしまっては、後輩から「この人はちょっとくらい遅れても大丈夫なんだ」と甘くみられてしまう可能性がある。だからといってCのように急かすプレッシャーをかけて聞き出してくれればまだしも、Bのように確認しまた間違いのないよう言質をとって、相手に書類を提出させるようにしたい。

質問②の答え…ABCのすべて

人はうしろめたいことがあると、その素振りがしぐさや動きなどの無意識のうちに出てしまうようです。ABCの動作はとても目立つため、誰もが目にしたことがあるのでは。

STEP 2

「質問力」
思い通りの結論に導く聞き方

話し方に少し工夫を凝らすだけで、面白いほど簡単にコトを運ぶことができる。どんな状況にあっても、思い通りの結論に相手を導くテクニックとは。

売れる営業マンの「質問重ねテクニック」

　消費が冷え込むさなかでもしっかり売っているエース級の営業マンは少なからず存在する。ふつうの営業マンと彼らは何が違うのだろうか。

　その1つと考えられるのが、**「質問力」**なのである。わかりやすく説明するために、たとえばあなたが家電量販店に行ったと仮定しよう。

　目的は新型のテレビだが、どうしても買いたいわけではない。テレビの前で考え込んでいるあなたに店員が話しかけてくる。「これ、出たばかりで性能もいいですよ」「そうですか……」。これだけの会話では購入する気にはならないだろう。

　しかし、店員が続けて「ふだんはどのような機能を使うことが多いですか？」「予算はどのくらいですか？」などと聞いてきたら、どうだろう？　あなたはがぜん購買意欲が湧いてくるにちがいない。

　つまり、**できる営業マンが持つ質問力とは、相手のニーズを的確に聞き出して、なおかつ"その気にさせる"能力**のことなのだ。

　もちろん、質問攻めにして嫌がられることもあるだろうから、相手の反応を見ながら、どうすれば相手が乗ってくるか質問の精度は高めていきたい。

うまく質問を重ねると相手の本音が引き出せる

- どんなタイプをお探しですか？
- いえ、特には…
- この製品などは気になりますか？
- そうですね
- どんな映像をよくご覧になりますか？
- DVDで映画とか
- 映画でしたらこの商品などはいかがでしょうか？ ← ここから商品説明を開始！

不安げな相手を安心させる"質問返し"テクニック

たとえば外国の車を扱うセールスマンが、客から「外車ってメンテナンスが大変らしいけど？」という**ビッグ・クエスチョン（大まかな質問）**を受けたとする。

このとき「いえ、大丈夫ですよ」と簡単に答えてはならない。なぜなら客は、「でも、故障したら部品を取り寄せるのに時間かかるって聞くけど……」と続けて質問してくるかもしれないからだ。

要するに相手は、「外車は故障すると修理に時間がかかる」「部品も取り寄せになると国産車より高くつく」という点にこだわっているのだなと即座に感じとるべきなのである。

こういうときは、「毎日通勤で乗られるのですか？」と、逆に小さな質問をするといい。

もし「いや、土日の休みにドライブするくらい」という答えなら、「うちの営業所は土日もエンジニアが数人待機しているので、故障してもご連絡いただければすぐ対応できますよ」と答えてあげればいい。

このように**ビッグ・クエスチョンを受けたときには、スモール・クエスチョン（細かい質問）をする**ことで、相手の本音を引き出し、相手を安心させることができるのだ。

ビッグ・クエスチョンにはスモール・クエスチョンで答えよう！

交渉は「質問する側」に立ったほうが勝ち

　最も会話のスキルが求められるのは、ずばり交渉の場だ。相手の出方を観察しながら少しずつ手の内を見せていく。シビアな契約なら、このような駆け引きもけっして珍しくはないだろう。

　こんなとき、覚えておきたいちょっとしたコツがある。それは、**会話の中ではできるだけ質問する側に立つ**ということである。

　たとえば、ある契約の内容や予算について話し合うとする。そのときいろいろと質問されれば、された側は答えざるを得ない。しかし、質問内容によってはしどろもどろになる場合も出てくる。そうなったら、本来は隠し玉にしようとしていた手の内が見えたり、思わぬ本音がチラリとのぞいたりするものだ。

　もう、おわかりだろう。**商談の席の会話では、質問される側よりも質問する側のほうにアドバンテージがある**ということなのだ。

　とくに腹を探り合うような局面では「具体的にどのようにお考えですか？」とか「状況が変わったらどう対応されますか？」などと質問する側に回れば、相手の持ち札が1枚ずつオープンになる。

　質問の回数が多ければ、それだけ答える側は多弁になる。多弁になればどんどん考えが透けて見えてくるのだ。

なぜ、質問する側に立つと交渉が有利になるのか

交渉時こそメモをとることが重要である訳

　交渉をするときメモ帳を有効利用している人は、どれほどいるだろうか。詳細なデータを用意したり、あるいは自分の意見を熱っぽく語ったりといったことだけに力を入れてはいないだろうか。
　じつは交渉で非常に重要なこと、それが「メモをとること」だ。
　たとえば、事業の見通しについて説明している最中に突然、「それで少しは儲かるの？」という漠然とした質問をぶつけられたとしよう。
　そんなときはまず「利益？」とメモをとる。そして「では、売上げ計画について具体的に説明しましょうか？　それとも、利益率が向上する理由について詳しくお話しますか？」などと聞き返せばいい。
　ここで質問の意図をよく確かめず「どこか説明を省いてしまったのかな？」と自分なりに解釈してしまうと、「ではもう一度お話します」とトンチンカンな説明をしてしまう可能性さえある。
　これでは回答にならないばかりか、知りたいことが聞けなかった相手は途端に興味を失ってしまいかねない。
　プレゼンや会議など緊張を強いられる場所でも、メモをとりながら話すだけのゆとりは持ちたいものだ。

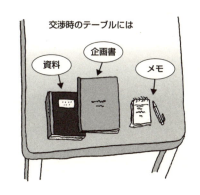

交渉時のテーブルには　資料　企画書　メモ

「質問力」は相手の話を しっかり聞くことで鍛えられる

　国会の質疑応答などを見ていると、明らかに質問の内容と答えが食い違っているときがある。たいていは、質問を受けた与党側がはぐらかすようなケースだが、なかには「その質問自体がトンチンカンでは？」と思わざるを得ない場合も多い。

　ビジネスでもこういう場面はときどき見受けられる。同じ話題を共有しているはずなのになぜか会話が嚙み合わない。

　このような場合は、たいていどちらかが相手の話をよく聞かないタイプだったりする。

　自分の脳内だけで物事を考えているから、的外れな質問ばかりして話が進まないのである。

　これを踏まえると、**的を射た質問をするためには、相手の話をしっかりと聞くことが大事**だ。

　そうすれば、自分だけの思い込みや勘違い、誤解などによる問題点を少なくとも回避できる。

あなたは大丈夫？「質問力診断」

相手の話の冒頭だけを聞いて、わかったつもりになることが多い	Yes／No
人が話している途中によく考え事をしてしまう	Yes／No
1対1で話をすると、すぐに話題が途切れてしまう	Yes／No
電話で話すとき、相手の声とかぶることが多い	Yes／No
話している相手が話題を変えてくることがよくある	Yes／No
テレビなどで見たニュースの話をすると、よく間違いを指摘される	Yes／No
長いカタカナ言葉を覚えるのが苦手だ	Yes／No

★Yesが4個以上あれば要注意。6個以上あると〝トンチンカンな質問〟をしている可能性大なので気をつけたい。

いい質問ができる人は「問題発見力」が高い人

聞

　誰もが子どものころに1つは不得手な教科があっただろう。先生に質問したくてもそれができない。なぜなら、何がわからないのかが自分でわからないからだ。

　このことはビジネスの世界でもおおいに当てはまる。
「仕事」とはそうそういつもスムーズに運ぶものではない。むしろ、社内や社外に発生する問題を解決しながら前に進めるものだ。

　であれば、どこに問題があるのかを発見できなければ仕事は立ち行かなくなる。つまり**「問題発見力」のスキルが非常に重要な能力だといえる**のである。

　そして、**問題発見の能力は「質問力」とも密接**な関係にある。

　どこにどんな問題が潜んでいるかを発見するには、関係者へのヒアリングが不可欠だからだ。

　相手とコミュニケーションをとるなかで常に話を聞く耳を持ち、質問することで問題を深く掘り下げていく。質問できる力が備わっていけば、おのずと問題発見力が身についていくことだろう。

問題発見力を高めるためには…

関係者　現場　顧客

ヒアリング

‖

こまめに話を聞くと、問題点があぶり出される

コミュニケーション力

相手を乗せて必要な情報を得るうまい聞き方

俗に「話し上手」は「聞き上手」というが、実際、**自分が話をする前に相手の話に耳を傾けるほうが、コミュニケーションは断然とりやすくなる**。それと同時に、情報収集にもおおいに役立つ。

たとえば、あることを調べなくてはならないとき、**最も手軽でスピーディなのは、何といってもその分野に詳しい人から聞き出すこと**だ。

話を聞く前には、「あなたは○○に詳しいと評判ですよ」などと少しおだてておこう。すると相手は「いやあ、それほどでもないけど……」といいながらも、内心では嬉しくてしかたがないのだ。

そうしておいてから、とにかく相手の話を一生懸命聞く。わからないところがあれば遠慮せずに質問する。質問された側も、いかにそのことに詳しいか知ってもらいたいはずなので、出し惜しみせずに教えてくれるだろう。

話し下手な人のなかには、コミュニケーションとは自分から話題を提供しなければならないと思い込んでいる人が多いが、それより相手の話を真剣に聞けばいいのだ。

相手が喜ぶような話題を1つ提供するだけで、会話は自然に弾んでくるものだ。

より多く話をしたくなるのはどっち？

A ちょっと教えてほしいんですが…

B この分野なら○○さんだと思いまして。ちょっと教えてもらってもいいですか？

"視点置き換え法"なら相手の心理が手にとるようにわかる

誰もが一度や二度は、親や先生から「相手の立場になって考えなさい」といわれたことがあるはずだ。相手の立場に自分を置くことで、それまで見えなかったものが見えてくるのだ。

仕事上のトラブルの多くもまた、同じように立場を「置き換える」ことで切り抜けることができる。そして、それにより新たなヒントが見えてくる場合もあるのだ。

たとえば、自分は絶対にうまくいくと信じているプロジェクトに、上司が「イエス」といってくれない。そんなときは上司の立場に自分を置き換えてみる。

すると、上司がほかの社員との兼ね合いを考えていたり、会社全体の今後の展開を予測していることに気づいたりする。それまでの自分にはなかったモノの見方を知ることで、上司も納得できる新たな発想が生まれるだろう。

重要なのは、立場を置き換えて、相手だったらどう考えて行動するかをシミュレーションすることだ。そこに新しい視点や発想の発見がある。

また、相手の立場を理解することにより、衝突を避けることもできる。お互いが率直な気持ちで向き合えば、建設的な意見も出し合えるだろう。

質問①

部下がトラブルが起こったことを報告してきました。上司として、まず何を質問するべきでしょうか。

質問②

質問①の続きです。今度はあなたが部下の立場です。上司からトラブルの原因を聞かれたあと、指示がありました。しかし、それでは解決しないと考えたあなたはどのように対応しますか。

質問①の答え
＜意図を聞く＞
部下はトラブルをどうにか収拾したいと思っているので、上司として「なぜ、そうなったのか」と、まず意図を先に聞くことから、現状を把握して、解決策を考えるべきでしょう。

質問②の答え
＜自分の意見を述べる＞
トラブルのいきさつを説明し、それについての自分の意見や解決策を話します。しかし、最終的に責任をとるのは上司ですから、最後は上司の指示に従うべきです。

STEP 3

「回答力」

相手の信頼を勝ちとる答え方

返答のし方ひとつで、それまでの関係が大きく変わることがある。じつは、TPOに合わせた対応にはコツがある。失敗しないための「回答力」とは?

反対意見でも相手が納得する "YES・BUT法"

　モノの見方や考え方が人それぞれ違うのは当たり前だ。とはいえ、いくら意見が合わないと思っても、相手の話をよく聞かないうちから否定するようなことだけは避けるべきである。

　もし反対意見をいうとしても、まず相手の話を自分が正確に理解しているか確かめることが必要だ。なぜなら相手の言い分がわからなければ、自分の意見との違いを知ることができないからだ。

　相手のいっていることがわからないときには、自分が理解できるまで「あなたのいっていることは〜ということですか」というように内容を確認する必要がある。

　そして意見が食い違った場合にも「それは違いますね」などと真っ向から反論してはいけない。まず、「なるほど、たしかにそういう考えもありますね」と、**一度相手の意見を受け入れてから**、「あなたのいうこともわかりますが、私の考えでは〜」と、**自分の意見をいう**のだ。これを**「イエス・バット法」**という。

　このとき、「私の意見が必ずしも正しいとはいえませんが」と前置きすることも効果的である。

　相手の態度が軟化したところで、自分の意見を主張すれば、反対意見だとしても相手も納得するというものだ。

\<Yes\>		\<But\>
確かに、ごもっともです	＋	ですが、この場合は
そういう考え方もありますね	＋	しかし、私の意見は
あなたの言うこともわかります	＋	でも、こうも言えます
それも一理ありますね	＋	それでは、こういう方法はどうでしょう

質問に答えないのに逆に信用される方法

聞

商談中に取引先から、製品の製造方法に関する企業秘密であったり、あるいは人事に関することなど、返答に困るような質問をされたとする。

こんなとき、「いや、それはちょっと……」と相手から目をそらして口ごもったり、急に話題を切り替えて質問そのものをはぐらかしたりしてはいないだろうか。**それよりなぜ答えられないのか、その理由を誠実に説明したほうが信用される**のだ。

企業秘密なら、「それは業務上の秘密になっておりますので、私の口からはお答えできかねます」と頭を下げながら答えればいいし、またそれが別の部署の担当で自分の知らないことなら、その旨をはっきりと説明する。

質問をするとき、たいていの人はそれに答えてくれることを期待しているため、答えてもらえないと、裏切られたような気持ちになる。

さらに曖昧な態度をとられたり、質問そのものを避けられたりすると、「何か都合の悪いことでもあるのでは?」と疑ってしまう。

しかし、誠意をもって「なぜ答えられないか」を説明すれば相手も納得してくれるのである。

> **Q 得意先の客から業務上の秘密について質問されたら、何と答えますか?**
>
> ①「さあ、それは……ちょっと……」
> ②「すみません。わかりません」
> ③「業務上の秘密ですから、私の口からはお答えしかねます」

★ハンドリング＝③
曖昧な態度をとるよりも、はっきりと理由に答えたほうが信頼感が増す。

181

誠意が伝わる断り方「ノン・ディレクティブ・メソッド」

　本当は断りたいにもかかわらず、相手から嫌われるのではないかと思って、なかなか断ることができないという人もいるだろう。そんな人にオススメしたいのが、**「ノン・ディレクティブ・メソッド（非指示的方法）」**である。

　これは、**いきなり断るのではなく、まずは相手の要望や言い分を一度全部受け入れてみるという方法**だ。頭から断わるような態度をせず、相手が言い終わるまで誠意をもって聞くのである。

　すると相手は、敬意を払われている、あるいは評価されていると感じて、ひとまず安心する。

　そうしておいてから断わればいいのだ。

　ただ、断わるときに、「できません」「無理です」などと簡潔に済ませてしまってはだめだ。「お手伝いしたいのはやまやまですが」「お力になれなくて申し訳ございません」などの表現を用いることで、相手に誠意が伝わるはずである。

ノン・ディレクティブ・メソッド

＝

相手の [要望／言い分／事情] をすべて聞く

↓

「お手伝いしたいのはやまやまですが」
「お力になれなくて申し訳ございません」
「たいへん残念ですが、今回は…」
など、断り方にも心を込める

話の長い相手の電話をうまく切り上げる方法

聞

欧米では**電話のかけ方を見れば、その人が仕事がデキる人かどうか判断できる**といわれている。**デキる人は長電話はしない、それが常識**なのだ。

仕事中の電話は1日に何本もかかってくる。その度にダラダラと話していたりすれば、かなりの時間のムダである。

もちろん、自分からかけた電話も長くならないように、あらかじめ用件をメモにまとめておいて、簡潔に伝えるように心掛けたい。

長くなるほど、相手の仕事の邪魔をしていることになるからだ。

ただし、自分は注意していても相手から受けた電話が長くなってしまう場合もある。

そんなときは、「あらためて、また私の方からお電話します」などと、失礼がないように切り上げることも必要だ。

●用件が多い場合、電話をかける前にメモに書き出す

電話の会話は簡潔に！

「感謝の言葉」と「お詫びの言葉」はバリエーションを用意する

仕事では思いがけないトラブルが起こったりする。理由はどうであれ、非があるほうは謝罪を重ねて相手の許しを乞うしかない。

しかしときには、ただ「申し訳ありませんでした」の一点張りでは、相手の怒りが収まらないこともある。

そこで、そんな場合に備えて、**ふだんからある程度自分の中でお詫びの言葉のバリエーションを持っておく**といいだろう。

たとえば、「ご迷惑をおかけしまして言葉もございません」「誠に申し訳なく、深くお詫びいたします」など、日本語にはさまざまなお詫びの表現がある。

バリエーションといっても、手を替え品を替えという意味ではない。謝罪の気持ちが一番伝わる言葉を選ぶということである。

また、同様に「感謝の言葉」に関しても「ありがとうございました」以外の言葉で伝えてみたい。「ご指導賜り、たいへん勉強になりました」「初めてのことでしたが、心強かったです」など、**感謝の気持ちを率直に言葉で表現すると気持ちが伝わりやすい。**

ビジネスではこのように謝辞を伝えるシチュエーションが毎日のようにある。だからといって、お決まりの文句では相手に気持ちが伝わらない。

上っ面の言葉ではなく、心を込めて伝えたい。

気持ちが伝わる「お詫びの言葉」「感謝の言葉」

お詫びの言葉	感謝の言葉
ご迷惑をおかけして申し訳ありませんでした	ご指導を賜り、たいへん勉強になりました
誠に申し訳なく、深くお詫びいたします	ご尽力くださいましたことを心より感謝いたします
大変失礼をいたしました	ご足労いただきまして、誠にありがとうございました

ミスしても相手にいい印象を与える「怒られ方」

大切な商談だということはわかっていても、前の仕事が押したり、交通渋滞に巻き込まれたりして、やむを得ず遅刻をしてしまいそうなときはすぐに先方に電話を入れるのがセオリーだ。その際、必ず**余裕をもった"遅めの時間"を告げる**ようにしたい。

普通は、少しでも早く着きたいという気持ちからギリギリの時間を告げるところだが、万が一さらに遅れてしまった場合は、相手に二重に遅刻をしたという印象を与えてしまう。これを避けるために遅めの時間を伝えるのである。

次に、相手の会社に到着してからのポイントがある。**決して言い訳をしてはいけない**。遅刻したことを心から詫びて、ひたすら謝り続けよう。

怒りというものは、相手にぶつけているうちにだんだんと収まってくるもの。たとえ最初はカンカンに怒っていても、言い訳もせず頭を下げている姿を目にすれば気持ちも和らぐものだ。

言い訳をすると、遅れたことを正当化しようとしていると思われてしまい、かえって怒りを増長させることになりかねない。

怒りが収まったと判断したら手短に遅れた理由を述べて、気持ちを切り替えて商談に入ろう。

むしろ評価が上がる「上司の誘い」お断りテクニック

　上司から酒席に誘われると職場ではなかなかいえないような話もできるし、上司の本音が聞きだせるなどメリットも多い。

　だが、その上司が無類の酒好きともなれば話は別だ。1軒や2軒ではおさまらずにハシゴ酒をして、気がついたら終電を過ぎていたということにもなりかねない。

　そこで、**上司の機嫌を損ねることなく酒席を気持ちよく、スムーズに"お開き"にする**には「これ以上飲むと明日の仕事に差し障りができる」というニュアンスを含んだフレーズを使えばいい。

　いくら酒好きとはいえ、**責任のある立場にある人は「仕事に差し障りがある」というフレーズに弱い。**

　つまり、これ以上引き止めて飲ませるわけにはいかない、と上司に思わせればいいのだ。

　試しに、「もう1軒行こう」と誘われたら、「○○部長、明日がありますので今日はもうこのくらいにしておきましょう」と進言してみよう。案外あっさりと、「そうか、じゃあ、続きはまたにするか」と聞き入れてくれるものだ。

　そればかりか、酒に酔っていても明日の仕事のことをきちんと考えているということがわかって、「こいつはなかなかできるヤツだ」と評価を上げることにもなる。そのほか、「いやあ、今日の酒は特別おいしかったです。つい飲みすぎてすっかり酔ってしまいました。そろそろお開きにしましょうか」というのもいい。

　上司に対する感謝の気持ちがこもっていて、帰宅を促された上司も悪い気はしない。**酒席を上手に使って上司に気に入られるのも、デキるビジネスマンのテクニックの1つなのである。**

突然会話を終わらせてしまう「タブー言葉」とは

　誰もがすぐに口にしがちな「それ、知ってる」という言葉、当然、会話をするうえでのタブーである。

　会話とは、ある話題をめぐって、お互いの考えや感じたことなどを伝え合うものだ。だからこそ刺激的で興味深いのである。

　相手が話題の本について話し始めたら、その本についてどう感じたかを聞き、そして自分はどう考えたかを伝える。そこにお互いの感性を刺激するものがないかを探ったり、感想を述べ合うことを楽しむ。それが会話である。

　けっして「それを知っているかどうか」が問題なのではない。お互いに同じモノを知っているということを確認し合っただけでは、話はそれ以上進展しない。

　逆に考えれば「同じモノを知っている」ということは、そのことについてお互いの意見や感想、情報を交換したり共有したりしながら、**本当の意味での楽しい会話ができるチャンス**なのだ。

　相手が何らかの話題を出してきたということは、それについて何かを語りたがっているはずである。

　だから「そのことについて、どう思った？」「何か情報を持ってる？」と聞き返せば、話題がふくらんでいくことは間違いない。

回答力ドリル

質問①

友人を紹介するときに、どちらの表現のほうがより相手に好印象を与えることができるだろうか？

A「彼はちょっと怒りっぽい。でも、根はやさしい」
B「彼は根がやさしい。でも、ちょっと怒りっぽい」

質問②

食事をしているときなどによく使う「おいしい」という表現を別の言葉で言い換えるなら、どのような表現があるだろうか。思いつく限り書き出してほしい。

質問①の答え…A

一般的に人間というものはいろいろなことを同時に伝えられると、最初に話題にあがった事柄よりも、次に話題があがる（共感、賛意など）ほうといったのの内容のほうが強い印象をあたえてくるのだ。

質問②の答え

「ほっぺたが落ちちゃう」「うまい」「いい味」「うっとりする」「頬ずりがとまらない」など、いろいろありますが、言葉ではなく、ときには意識して別の表現を使ってボキャブラリーの幅を広げてみよう。なお、このような表現力を磨くべくためにも語彙量はかかせない。

STEP 4

「好感力」

感じがいいと思われる人の話し方・接し方

ビジネスといえども基本となるのは人と人とのコミュニケーションだ。だからこそ、相手に好印象を与えるちょっとしたひと言や立居振舞を覚えておこう。

好かれたい人に好かれる "映し鏡の法則"とは？

　社会が人と人との関係で成り立っている以上、コミュニケーションは一方通行では不完全である。ビジネスの場でも**好感をもたれたかったら、まずは自分から相手を好きになることだ**。

　たとえば取引先の会社を訪問したとき、部署の中を横切って応接室に招かれることがある。

　このとき、移動の途中に挨拶してくれる人とは目線も合わせずに「どうも」とやっては相手の印象はよくない。**あなたにとっては大勢の中の1人でも、相手は個別にあなたと対峙しているのだ**。

　こうなれば当然、相手のあなたへの好感度は下がってしまう。もしかしたら次に仕事をする相手になるかもしれないのに、これでは印象の悪いスタートになってしまうだろう。

　また、初対面の相手に対して好意を持って接しなければ、相手に「こちらに興味がないようなら一緒に仕事はしたくない」と思われてしまっても仕方がない。

お互いの好感度は鏡に映すように比例する

　せっかく仕事でつながりを持った相手なのだから、好感を持って接したほうがお互いハッピーになれる。

　まずは相手を好きになり、コミュニケーションをおざなりにしない。これが双方の距離を縮める基本でもあるのだ。

相手との距離をギュッと縮める "コフートの法則"

「褒められたい」「頼りたい」「同調してほしい」——。

アメリカの精神分析学者ハインツ・コフートによれば、**人は会話をしているときに３つのニーズを心に隠し持っている**のだという。

つまり、これらのニーズを満足させてくれる人こそ"必要な人"で、信頼に値する人物になるというわけだ。

今や、同じ職場で定年まで勤め上げるということは皆無に等しい時代。転勤や転職で環境が変わり、新しい人間関係を築かなければならないときは必ずやってくる。

そこで、この**「コフートの法則」**を活用したい。

新しい仕事仲間の感心するところを見つけたら「すごいね」とひと声かけたり、素晴らしい成績を上げた人を称えたりしてみよう。

すると、無理に自分をアピールしなくても人はあなたの存在感を感じてくれるはずだ。

コフートの法則

３つのニーズ
「褒められたい」
「頼りたい」
「同調してほしい」

↓

信頼関係

⇩

仕事がスムーズに進む

「情報は積極的に開示する」のができるビジネスマンのやり方

ビジネスパーソンにとって**"情報"は財産**だ。情報量の多さはチャンスを増やし、質の高さは成功をもたらす。アンテナを張り巡らし、コツコツと情報収集した本人の努力の結晶だといえる。

しかし、ときには意図していないところで「ひょうたんから駒」的に情報を得ることもある。こんなときは、情報をできるだけ仲間と共有したほうがいい。

いまの世の中、情報が流れるスピードは驚くほど速い。本来はまだ発表されるはずのないニュースが事前に流出するケースもしばしば起こる。

つまり、遅かれ早かれ表に出るのは時間の問題。**1人で抱えていても鮮度が古くなるばかりで、メリットなどたいしてない**のだ。

むしろ、**情報を出し惜しみする人というイメージがつけばデメリットのほうが大きい**。ふだん秘密主義でいると、逆の立場になったときに誰からも情報はもらえないのである。それよりは関係者に平等に伝え、有意義にその情報を使ってもらったほうが好感度も実用度も高い。

ただし、Aさんには教えるがBさんには教えないという不平等はいけない。**情報を活かそうとするならば、全員で共有することがポイント**なのである。

192

ネガティブな言葉を口にしないだけで人は寄ってくる

「忙しいという人ほど、じつは忙しくない」というのはよくいわれることだが、**「忙しい」が口癖になっているようなら要注意**だ。「忙しい」に限らず、「疲れた」「眠い」「しんどい」など、**ネガティブな言葉を発する人にはプラスのオーラがない**。そういう人がいると、まわりの人にまでネガティブな雰囲気が伝染してしまう。

では、**誰もが一緒に仕事をしたいと思うのはどんな人かといえば、ポジティブな言葉を発し、プラスのエネルギーを持っている人**である。誰だって仕事をするなら、悲壮感を漂わせる中でやるよりは楽しくやりたい。

とくに1つのプロジェクトを数人のチームで進めるような場合には、**「この人となら充実した仕事がやれるのではないか」と思わせる**ことが重要だ。

とはいえ、もともとの性格がマイナス思考という場合もある。そんな人は、無理にポジティブになろうとするのではなく、ネガティブな言葉を発しないように気をつけるだけでも周囲の印象はだいぶ違ってくる。

チームワークを要するような場面では、少なくともマイナスの空気にはならないよう気をつけたい。

ポジティブな言葉は人を引き寄せる磁力になる

ポジティブなエネルギーがみなぎる

ネガティブなエネルギーが分離する

いい環境が得られる

相手と自分の距離を一瞬で縮める"つくり笑顔の法則"

　赤ちゃんが笑った顔を見て、不愉快になる人はおそらくいない。
　また、買い物をして「ありがとうございました」と笑顔でいわれるのと、仏頂面でいわれるのとでは気分が大きく変わってくる。
　このことからわかるように、**笑顔には他人を気持ちよくさせるパワーがある**のだ。「笑顔がいい」と褒められることは、とくに客相手の仕事をしている人にとっては最高の賛辞なのである。
　ところで、無垢な赤ちゃんはさておき、大人はどんなときに笑みを浮かべるだろうか。
　それは、心に余裕があるときだ。
　人は緊張し、警戒しているときは表情を失う。それは心にゆとりがないからで、**信用できる相手ほど笑顔は出やすい**のだ。
　満面の笑みを向けるということは信頼感の証であることが相手にも伝わるのである。

同じ言葉でも表情が違うと伝わり方も違う

●無表情で言うと…
　　ありがとうございました

●にこやかに言うと…
　　ありがとうございました

最初は"つくり笑い"でOK！
笑顔をつくろうという気持ちが
相手との距離を縮める

"第一印象"が確実にアップする「名刺トーク」とは？

初対面の人と必ず行うのが名刺交換だが、じつはこのときが手っ取り早く好感度を高めるチャンスでもある。

名刺をもらうときは、「ちょうだいします」といって受け取る。そして、相手の名前をしっかり確認し「珍しいお名前ですね」とか「下のお名前は○○さんとお読みするのですか？」など、名刺にまつわるトークを挟みたい。最近は、デザインが変わっていたり、写真が入っていたりと、こだわりの名刺も少なくない。**名刺に凝る理由は、話の糸口を掴むという大きな目的がある**からだ。

そして商談が終わってから、名刺入れにしまって席を立つ。ここで「お名刺、ちょうだいします」と重ねてもう一度いうようにする。

相手の名刺を丁寧に扱うことは相手自身をも尊重することにつながり、されたほうはこのうえなく気分がいいのだ。

どちらも逆の立場になってみれば想像がつくだろう。たかが名刺、されど名刺である。誰だってぞんざいに扱われるよりは、大事にされるほうがうれしいにきまっている。

名刺交換は何の先入観ももたれることなく、自分の顔を売る唯一のチャンスだ。十分活かしたいものである。

好感度がグンとアップする名刺の取り扱い方

1度目
ありがとうございます
名刺を受け取ったとき

2度目
お名刺ちょうだいいたします
帰りぎわに名刺を名刺入れに入れるとき

「明るいイメージの人」が好感度が高い理由

　タレントや俳優の好感度ランキングを見ると、たいていは陽気で明るいキャラクターの人が上位にランクインしている。

　寡黙なイケメン俳優やクールな女優も人気はあるが、好感度となると「明るい人」が選ばれるのはなぜだろうか。

　中国に古くからある「陰陽説」を借りれば、世の中の森羅万象は「陰」と「陽」の二元で表わすことができる。

　陰には「月、冬、静、受動、防衛」などが、それに対し陽には「太陽、夏、動、能動、攻撃」などが属する。

　陰陽説は万物には陰と陽の双方が不可欠だと説いているが、**人は「陽」に惹かれがち**だ。

　部屋でも人でも暗いより明るいほうがいいし、**受動的よりは能動的な態度に好感を持たれる**ものである。

人が好感を持つイメージ

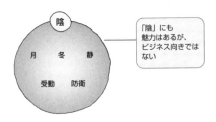

「陰」にも魅力はあるが、ビジネス向きではない

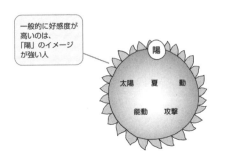

一般的に好感度が高いのは、「陽」のイメージが強い人

焦らないために身につけておきたい"雰囲気"とは？

　自分の話を聞いてほしい、あるいはこの意見に納得してもらいたいと思えば思うほど、威圧的な態度をとってしまうことがある。

　このように**気持ちが焦って威圧的な態度になるのは、自分の自信のなさや弱さを露呈しているのと同じである。**

　その点、ベテランほどゆったりと構え、話すときも行動するときも屈託のなさを感じさせているものだ。ときどき、長いカタカナ言葉を間違えたり、自分の発言に「？」をつけてみるのもご愛嬌だ。そんなちょっとヌケている感じは、万人の好感を呼ぶのである。

　そこで、**余裕のある雰囲気を醸し出したかったら、まずは"ゆったり感"を身につけてみること**だ。

　まず、焦りそうになったらゆったりと呼吸をし、話すスピードを意識的に落とす。いつも自信満々な態度を装わずに、わざと時折、自信がなさそうな発言をしてみるのも力が抜けている印象を与えることができる。

　もし、そんなベテランが身近にいれば、手っ取り早く真似をさせてもらえばいい。その人がどのようなペースで話をするのか、どのように話を切り出すのか。相手の反論にどのように切り返すのか。真似をしているうちに、今までの自分はずいぶん焦っていたなと感じることができれば第1ステージクリアである。

　ゆったりした雰囲気を身につけたら、人に耳を傾けてもらえるようになり、それが自信となってさらに余裕が生まれてくる。

　そうなれば、「この人とならうまくやっていけそうだ」と相手に思われるようになるのも時間の問題である。

好感力ドリル

質問①

同僚が残業をしているなかで、自分ひとりだけが先に帰るのは少々気がひけるものだ。こんなときに悪い印象を残さないで帰るには、どんな声をかけて、どんな態度でオフィスを出ればいいだろうか。

質問②

得意先とのアポイントの日程をどうしても変更しなくてはならなくなった。対応としては、以下のどちらが適当だろうか。

A

7月26日（月）のお約束ですが、7月30日（金）に変更していただくことは可能でしょうか？
時間の変更はございません。
もしご都合が悪いようでしたら、何日か候補日をご連絡いただければ幸いです。
何卒よろしくお願い申し上げます。

B

7月26日のお約束ですが、7月30日に変更していただくことは可能でしょうか？
なお、時間の変更はございません。
お忙しいなかこちらの都合で大変恐縮ではございますが、何卒よろしくお願い申し上げます。

質問①の答え

腰を下げながら「すみません、お先に失礼します」と、申し訳ない気持ちを伝えられるといいだろう。「お疲れさまでした」「お先します」など、言い方はさまざま出てくるだろうと思うが、「あの人は自分の仕事しかやらない」といったマイナスな印象を与えるかもしれない。もし時間に余裕があるなら、周りに「お手伝いしますが、何か手伝えることはありますか？」のひと声をかけるように。

質問②の答え……A

この場合、相手がわかる情報を多く書いておけば、一方的に送りつけられたという印象を与えずにすむ。また、メールは運行を妨げる日時に送らないよう気をつけたい。メールのチェックも日々あるもので、こまめにメールを受け入れて確認してくようにしましょう。

STEP 5

「根回し力」
自由自在に他人を動かす禁断のテクニック

根回し、つまり事前交渉は仕事の大小を問わず欠かすことはできない。上司や同僚、得意先や部下の信頼を得て、仕事を思い通りに進めるための効果的な根回し術とは？

相手の説得が面白いほどうまくいく "グレーゾーン"の手法

　根回しに必要なのは、相手を味方につけるための説得力だが、そのあたりのさじ加減がなかなか難しい。頭を下げまくるというのも下心が見え見えだし、かといって強気に"ゴリ押し"すると敬遠される。

　この2つがうまくいかない原因は、相手にすぐに結論を出させようとしているからだ。

　仕事をしていると、白か黒かでは割り切れないケースが多いことを実感させられる。相手の出方によって身動きのとれないものなど、とりあえずペンディングにしておこうという事案がそこらじゅうに転がっている。

　根回しもこれとまったく無縁ではない。すぐにYESといっていいかどうか、判断がつかない場合もあるだろう。こんなときは結論を急いではいけない。

　というよりも、**最初から「グレーゾーンに持ち込んでからが勝負」だと想定しておくべき**だろう。相手に考える時間を与え、あえて中間の立場をとらせるのだ。

　大事なのはここで断ち切らず、グレーゾーンのままでしばらく関係性を継続することだ。そうすれば、今回の根回しに失敗しても、次の機会にまた声をかけることができる。

いますぐ白黒をつけなくてもいい場合はグレーゾーンに持ち込む

説得する相手の「素性」と「背景」を知っておく

あるプロジェクトを実行に移す前に、どうしても説得しなければならない人物がいる。その"X氏"の了承を得ることが、プロジェクト実行の条件だったとしよう。

この場面で最初にとるべき行動は、X氏のリサーチだ。本人のプロフィールは名刺に書かれていることしかわからない。だが、確実に口説き落としたいなら、もう少し踏み込んだ情報を得たいところだ。

X氏とはどういう人か。どの部署から異動してきて、今どのような立場にいる人か。保守的かそれともチャレンジ精神が旺盛なのか。これらを知るだけで、説得のアプローチは変わってくる。

たとえば、ものすごく慎重な人に対して、企画の新しさや冒険性ばかりを説いても逆効果だ。また、もしも他の業界から転職してきた人であれば、業界一筋の人とは異なる意見を持っている可能性があるので、そこに訴えるという方法もある。

これは新製品を開発するときのマーケティングと同じ理屈だ。どこにターゲットをしぼり、訴求していくか。このリサーチが完璧であれば、説得できる確率はグンとアップする。

当の本人も、ツボを押さえられれば悪い気はしないだろう。

相手をリサーチするとアプローチのツボがわかる

〈X氏〉

- 社内におけるポジションは？
- 過去の経歴は？
- 保守派？ or チャレンジ派？
- 持っている強みは？
- どの分野を得意としているか？

上司の信頼を得たいなら「報・連・相」より「相・連・報」

「報告・連絡・相談」は、上司と部下の意思の疎通がうまくいくための基本であることから、野菜のほうれん草に引っ掛けて「ホウ・レン・ソウ」という言い方をする。

しかし、部下から上司へ積極的に働きかけ、より建設的な関係にしたいと思うなら、ここはあえてその順番を**「ソウ・レン・ホウ」**にして実践することをおすすめする。つまり、**「まず相談をし、それから連絡、報告をする」**というわけだ。

まず相談することが何より大切だ。わからないことがあれば自分から「○○で困っているのですが、どうしたらいいでしょうか」と**「相談」**を持ちかける。

そして上司の指示をふまえて仕事を進め、**途中の「連絡」も怠らない**。経過を伝えることで、自分の取り組み方も伝えることができる。そのうえで**最後の「報告」**をすれば、仕事の全体像を上司に把握してもらうことができるのだ。

こうすると、いかなる結果であったとしても、それは独断ではなく、上司の支えがあったうえで行った結果ということになる。

つまり「いかにして上司が部下を使いこなすか」ではなく、**「いかにして部下が上司と有意義なつき合い方をするか」**という発想である。

上司といい関係を築いていい仕事をするなら

ホウ 報 → 相 ①まず自分が持っている案件について上司の見解を伺う

レン 連 → 連 ②相談のうえで行動し、途中の連絡を忘れない

ソウ 相 → 報 ③進捗状況や結果について報告し、次のステップについても相談する

優柔不断な上司をうまくコントロールする㊙話術

スピード優先のビジネス社会においては、朝の会議で決まったことが午後にはもう変更されている、という朝令暮改も少なくない。かといって、これが毎日のように繰り返されるようではたまったものではない。

頻繁に作業のやり直しを指示してくる上司をどうコントロールし、自分のペースで作業を進められるようにするかがポイントだ。

たとえば、仕事が速いことはデキるビジネスパーソンの必須条件でもあるが、**走り出す前にまず方向性を確認することが先決**である。

「この方向で作業を進めてよろしいでしょうか？」と上司の指示を仰ぎ、「OK」の返事をもらってから作業に入ろう。**人はいったん了解したら、あとからそれを訂正することは心理的にしにくい**ものだ。

また、作業の途中で上司から別の指示が出たときは「せっかくここまで進めたので、何かほかに活かせないでしょうか？」という具合に、自分のこれまでの仕事をムダにしたくないという気持ちを伝えるのもいい。

「こいつはちょっとうるさい部下だ」と思わせておくのも、ムダな仕事を背負わないための１つの対策である。

上司のバックアップが最大限に得られるボトムアップ根回し術

　部下はどうしても上司のほうから話しかけられるのを待ってしまうものである。

　しかし、ときには**「部下→上司」というボトムアップで仕事の根回しを考えてみたほうがいい**。部下の側からの働きかけは、期待以上の効果を発揮することもあるのだ。

　部下との関係を大切にする上司は、部下のために自分がどんな根回しができるかを考えているものである。

　たとえば、仕事の現場にいる社員が先方の会社の担当者に伝えたいことがあるとしよう。気軽に話せる関係ならいいが、相手のほうがポジションが上であるような場合は、直接はなかなか話せない。そんなときは自分の上司に相談してみるのだ。

　「じつは、先方の〇〇さんに伝えたいことがあるのですが、私から話すよりも、部長の立場からおっしゃっていただいたほうが、先方も受け入れやすいと思うのです」とでもいえば、それを不快に思う上司はいない。

　この部下はまじめに取り組んでいるからこそ、こういうことを自分に頼んでくるのだ、と受け取るはずである。また、自分でなければ通用しないことがあるのだと、自尊心が満たされる上司もいるだろう。

　結果的には上司の立場を尊重することになるし、もちろん仕事相手との関係もプラスになる。

　こうすることで、上司と部下の間に１つの仕事に向かって同じ気持ちで向き合っているという気持ちが生まれる。

　「ボトムアップの根回し術」はおおいに利用すべきである。

意外な効果を発揮する「根回しのための根回し」とは？

　たとえば、根回ししたい相手がいても、その機会がないことがある。直接はよく知らない相手に、いきなり根回しするわけにもいかないだろう。

　そんな場合は、**自分の人脈の中に根回ししたい相手と深いつながりがある人がいないか探してみる**。そして、もしうまく見つかれば、まずその人に根回しする。そしてその人物を味方につけて、自分の用件を正直に伝えるのだ。

　たとえば、本命の相手に対して「〇〇が、君の手助けを必要としてるんだ、よろしく頼むよ」と告げてもらう。このときは、とりあえず話を聞く時間だけでも都合をつけてもらえるようにする。

　すると、本命の相手はそれなりの行動をとってくれるはずである。まさに"**根回しのための根回し**"というわけだ。

　いうまでもないことだが、仲介者に近づく際には「この人を利用してやろう」という気持ちにならないように気をつけたい。ただ利用したいだけという気持ちは意外と相手に伝わってしまうものだ。この根回しがうまくいけば会社全体の利益や成果につながるのだ、ということを示して、仲介者が気分よく行動できるようにしたい。

　もちろん、いつ、どんな人脈が活かされるかわからない。**意外な人が意外な人とつながっていることもある。**
「この人が、あの人物と同じ大学の先輩後輩の仲だったとは」「この人は、あの人物と、かつて同じ部署だったのか」といったちょっとしたつながりが、人脈を広げてくれるのである。

　ふだんからこまめに知り合いを増やし、人とのつながりを広げておくことは、いざというときのために役立つのだ。

根回しするときに絶対使ってはいけないタブー言葉

　根回しをしている最中に、絶対に使ってはいけないNGワードがある。それは何かといえば、「根回し」という言葉そのものだ。

　一般的に根回しという言葉から連想されるのは、企業の談合や水面下の交渉、政治家の裏工作など、ダーティーなイメージばかりである。

　したがって、たとえそれがクリーンな行動であっても、**根回しという言葉が出たとたんに「やましさ」が漂ってしまう。**

　根回しされた相手は「やましいことに加担している」という意識が芽生え、反射的に引いてしまうのだ。

　当然、「根回ししたくて来たのですが」と相手にストレートに切り出す人はいないだろうが、会話の流れで「根回しというわけではないんですが」などと軽はずみにいうのも避けたほうがいい。

　とくによくないイメージを持つ言葉は想像以上に相手の心の中に残るので、「相談」や「お伺い」にとどめておくべきだ。

「根回し」という言葉から連想するイメージ

- 陰の支配
- 口裏合わせ
- 企業の談合
- 裏工作
- 水面下の交渉

根回し
＝
ダーティなイメージ

実際にはそうでなくてもやましさがつきまとうので、「ご相談」や「お伺い」という言葉を使おう

リアルな感想や口コミを集める「根回し」が後でモノをいう

根回しをしておくといいのは、何も社内外の人間関係に限ったことではない。新商品を世に出すというときにも、水面下の活動がヒットのカギになったりするものだ。

たとえば、何度も貼ってはがせるポストイットが接着剤の開発中の失敗から生まれたものであることはよく知られているが、ヒット商品というのは意外と偶然から生まれたりするものだ。

もしこのようなラッキーに恵まれたときには、宣伝広告に費用と時間をかけるよりも、**モニターの感想を積極的に集めるなどして、使用者にその商品のよさを実感してもらおう**。さらに、そのモニターには商品の良し悪しが実感でわかる人を選びたい。

たとえば売り出したい商品が傷が早く治る絆創膏だったら、小さな子どもを持つ母親を対象にするとか、手の荒れやすい生花店で働く人などに使ってもらう。

その感想がすこぶるよければ**推薦人になってもらい、店頭の陳列棚に貼り付けるPOPに活用**するのだ。

「子どもの小さなケガなら、ふつうの絆創膏よりも直りが早い！（主婦）」「水仕事でもはがれにくく、傷をしっかり保護してくれます（生花店店員）」といった使用感を商品とともに紹介するのである。

また、ある特定の職種に就いている層だけに商品を使ってもらい、声を集めてみるという方法もある。

使用者の感想は、どんなにお金をかけたキャンペーンよりもリアルで効果がある。こんな丁寧な根回しが、商品を世に出したときに売れ行きを後押しするのである。

根回しカドリル

質問①

会議で自分の意見を通したり、また会議自体を短時間で終わらせるために有効だと考えられる事前の「根回し」にはどんなものがあるだろうか。

質問②

仕事で小さなミスが多い新人に仕事のコツなどをさりげなく諭したいのだが、会議室で1対1になっては、相手が委縮してしまい逆効果になることがある。そこで、どちらの場面がその話をするのに適しているだろうか。

A ランチに誘ってコーヒーでも飲みながら話す
B 夜、食事に誘って酒でも飲みながら話す

質問①の答え

参加者、およびに対案者が出たときの対処を3種類程度用意しておく」「反対意見者が出たときの助け舟を出してくれる仲間を事前につけておく」、「質問にしぼり、事項にしぼり」、「事前に対案を提出してもらう」などの根回しが必要的だ。

（回答）

質問②の答え…A

この場合、相手をリラックスさせつつ冷静に話を聞かせることが重要になる。その点ではBも悪くないが、仕事の後に酒を飲むとダラダラしやすいし、アルコールで話の内容を忘れられてしまうこともあるから困る。そこでランチに話題を切り出し、さらげなく「ショートミーティング」が必要な場合の例が明的の用法と言える。

申せるる。

第4部

「読む力」が面白いほど身につく！

なぜ「読む力」が必要なの？

新聞や書籍、雑誌やインターネット…世の中は情報であふれかえっている。いったいどこからどんな情報を得ればいいのか、情報の波にのまれてしまい悩んでいる人も多いだろう。そんな人でも、「読む力」を身につけてそのコツをマスターすれば、本当に使える情報を素早く手に入れることができるのだ。

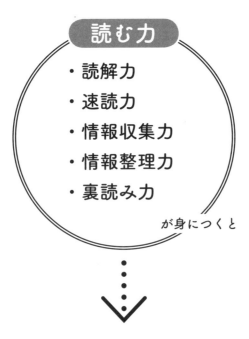

読む力

- 読解力
- 速読力
- 情報収集力
- 情報整理力
- 裏読み力

が身につくと

仕事がどんどん楽しくなる！

STEP 1

「読解力」

みるみる知識が頭に入る読み方の鉄則

たとえ同じ文章を読んだとしても、読む人によってそこから得られる情報がまったく違ったりする。内容をより深く理解し、少しでも役立つ情報を得るための読み方のコツとは？

まずは書き手の"文章パターン"を見抜くだけでいい

　文章を読むのが苦手だという人ほど、得てして一言一句を丁寧に目で追いながら読んでいたりする。そんな人におすすめしたいのが、**文章パターンを分析しながら読む方法**だ。

　講演などの話は「起承転結」でまとめるより、いきなり"つかみ"から始めたほうが聴衆の関心を引きつけられるという。文章も「起」から始まって「結」で終わるとは限らない。

　そこで、文章を読む前には、まず、どの部分に最も重要な「結論」が書かれているかを探してみてほしい。

　たとえば、新聞の記事は起承転結がまったく逆になっているのをご存じだろうか。まず最も重要な「結論」がきて、次に情報の重要度が2番目のもの、3番目のものと移っていく。

　また、雑誌の記事などは読者が話題に入っていきやすいように「具体例」から始まって、すぐに「結論」がくる場合も少なくない。

　つまり、筆者が最も力を入れていいたい「結論」の部分がどこに書かれているか、しっかり把握するといいのだ。

　そうすれば、結論の部分だけをざっと拾い読みするだけで、ある程度の内容をつかむことができるのである。

文章パターンは書き手によってさまざま

短時間で内容を理解したいときは「結論」をまず先に読む

サクサク「暗記」ができる アンダーラインの引き方

読

子どものころは「本は汚さずに丁寧に扱いなさい」と教えられたかもしれないが、本の内容を余すことなく吸収しようと思うなら「本も消耗品の１つ」と考えてとことん書き込んでしまおう。

たとえば、線を引くときは複数の色を使って、**重要な項目は「赤」、その解説には「青」、そして参考にしたい項目は「緑」**などと、"目的"ごとに色を使い分けるのだ。

そうすると、次に本を開いたときには、色を見ただけでそれがどのような内容で、何を意味しているのかがひと目でわかるようになる。

資格試験のテキストのように暗記が中心となる場合は、覚えたい専門用語や解説などの重要度に応じて「必須」「参考」などと、アンダーラインの色を使い分ける。

こうすれば通学・通勤の間にも効率的に復習ができるというわけだ。

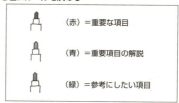

アンダーラインは目的ごとに色分けする

①色にルールを決める
- （赤）＝重要な項目
- （青）＝重要項目の解説
- （緑）＝参考にしたい項目

②ルールに従ってアンダーラインを引く

重要項目の解説／重要な項目／参考にしたい項目

文章理解がさらに深まる「補足コメント」の書き方

　学生時代の試験勉強の名残で、本を読むときには赤ペンが欠かせないという人も多いかもしれない。

　だが、ただ闇雲にラインを引いていたのでは、あとで読み返したときにポイントがつかめなくなってしまう。そこで、ラインを引くときにもひと工夫を加えたい。

　まず、ポイントとなる部分にアンダーラインを引いたら引きっぱなしにせず、そこから引き出し線を欄外の白地に引っ張るようにする。そして、**「まあまあ重要」だと思ったら「○」、「絶対に落とせない」としたら「◎」などのマークを引き出し線の先に書き込んでおく**のだ。

　こうしておけば、あとでページを開いたときに、どの部分に注目すればいいのかがひと目でわかるようになる。

　また、引き出し線を伸ばした欄外に「企画書作成時の注意点」とか「次ページに具体例あり」など自分なりの補足コメントを入れておけばより実践的だ。

　「アンダーライン＋補足コメント」で、情報を整理しながら読めば、時間の短縮にもなるし、読んだ分だけ知識が身につく。まさに、一石二鳥の読み方なのだ。

本を「仕事の虎の巻」に変える書き込み読書術

本を読んでいて、役立ちそうな情報に出会ったとしよう。「この方法は使える」などと思いながら読み進めると、また別の情報を見つけ……結局、あれこれ考えているうちに気になった情報をすっかりチェックし忘れてしまった、という経験はないだろうか。

そんな"もったいない"をなくすために利用したいのが、**本の空きスペース**だ。なかでも**目次の空きスペース**は利用価値が高い。上下の空きスペースを利用して、**ポイントやひらめきなどをメモしておく**のだ。

たとえば手帳の使い方の本に、「手帳は大きさにこだわる」という目次があったとしよう。その空きスペースに「A5版がベストサイズ」「資料を縮小コピーして貼っておくのにちょうどいい」といった内容を書き添えておけば、ポイントがわかりやすい。

また、**章の扉の前にある白紙のページや巻末の空きスペースに、章のまとめや重要ポイントを書き込む**。もしくは、読書の最中に考えついたことを、読んでいるページの余白に書き込んでいくのもいい。

読書中に思いついたことには、意外なひらめきがあるものだ。**何でも思いついたことを気軽に余白に書き込んで、本を「仕事の虎の巻」に変えよう。**

本の余白はメモスペース

215

ただ挟むだけではもったいない「しおり」の意外な使い方

　基本的にしおりは読み終わったページにはさみ、次に読むときの「目印」として使うものだが、ここでは、そんなしおりにある機能をプラスして読書の質を上げる方法を紹介しよう。

　用意するのは、3、4センチ幅に細長く切った無地の厚手の紙を数枚。これを本にはさんでしおり代わりにして、読書中にメモ用紙として使うのだ。

　本を読みながら、そのページの要点をまとめてメモしたり、浮かんだアイデアを書き込んだりしていく。

　そうすれば1冊の本を読み終えるころには、たくさんの書き込みがされたしおりが何枚も溜まることになるのだ。

　このしおりは、再度読み返すときの参考にもなるので、読み終わっても本に挟んだままにしておこう。

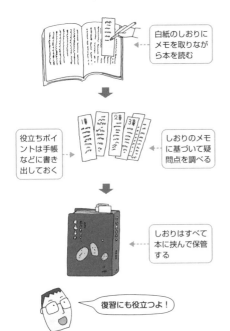

「帯メモ法」なら本の要点をすぐにチェックできる

読

　文庫からハードカバーまで、書店に並んでいる多くの本にはキャッチコピーが記された「帯」が巻かれている。この帯に書かれたおすすめコピーの効果でヒット作となった本も少なくない。

　とはいえ、そんな帯も読者にとっては本を手に入れてしまえば無用のもので、なかにはすぐに捨ててしまう人もいるだろう。

　ところが、**この帯を裏返してみるとほとんどが何も印刷されていない無地になっている。**

　そこでこのスペースを利用して、本の中の気になるトピックスやポイント、または人物相関図などを書き溜めて**「読書メモ」として活用**してみよう。

　書き込んだ帯は裏返しにしたままで本に取りつけておこう。そうすれば、本を開かなくても帯を見れば本の中身をチェックできて便利だ。

最も残しやすい読書メモスペースはここ！

オビの裏面の白紙を読書メモに利用する

こんなことをメモしておくと便利

・ビジネス書……… 実践できる内容や、読書中にひらめいたことなど

・小説…………… 人物相関図やあらすじ、感想、物語の時代背景など

・哲学・心理学書… 要点のまとめ、実社会で活かせる点など

・エッセイ………… 心に残った言葉、読後の気持ちなど

重要部分を短時間で見極める「拾い読み」と「めくり読み」

　仕事で「読まなくてはならない本」というのは、漫然と読んでいては効率が悪い。

　たとえば、明日までに読んでその内容をまとめなければならない本があるとしよう。しかし、最初から最後までをじっくりと通読するのには時間的に無理がある。

　そんなときには、**本の"キモ"を見つける**ことに専念したい。

　そこで、まずは目次をざっと見て、ポイントになりそうな項目をいくつか選んで拾い読みしていく。

　ここで大事なのは、次の項目に移るときにいきなり目的のページを開くのではなく、**全体をパラパラとめくってみる**ことだ。これを繰り返せばどのあたりで核心に触れているのか、構成のパターンも自然にわかるようになる。

　本の種類にもよるが、上手に**キモを見つけ出せるようになれば、全体の3割くらいを読むだけでその本の主旨を理解できる**ようになる。

　大量の資料を処理しなければならない場合でもおおいに役立つだろう。

①目次で目当てのページを見つける
②パラパラとめくりながらページを探す
③読む

「わかっていること」と「わかっていないこと」の間に線を引く

読

データだらけの資料を読みこなすのはけっこう難しいものだ。読み終えてもわかったようなわからないような状態で、結局何度も読み返す羽目になったりする。

資料には膨大な情報が詰まっており、本当に必要な情報はそのうちの10パーセント程度だともいわれる。漫然と読んでいたら、頭の中で整理がつかなくなるのも当然なのだ。

そこで、資料を読むときには書いてある内容を2つのカテゴリーに分けてみよう。2つとは**「わかっていること」**と**「わからないこと」**である。

大事なのは、自分がわかっていない部分を知ることにある。わからないことは何度も読み直したり、別の資料で調べたり、詳しい知識を持っている人に話を聞く必要がある。ここは重点的に補強したいポイントだ。

わからないことがチェックできれば、次に何をすべきかもはっきりしてくる。これだけでもずいぶんと頭はすっきりするだろう。

ところで、ここまでとは正反対のことをいうようだが、自分がわかっている、知っていると思っていることも一度チェックするクセをつけておいたほうがいい。

わかっているつもりでも、単なる思い込みだったり、覚え間違えをしている場合もあるからだ。

面倒くさがらず、念のために確認して正しい情報を蓄積しておくと、思考のポイントがずれるのを防ぐことができるのだ。

難解な文章も一度で理解できる「Q&A読書法」

　知識を広めるためには、興味を抱いた対象をより掘り下げて勉強してみるのも1つの手だ。こんなとき頼りになるのが、その分野について書かれた専門書である。ところが、専門書は見慣れない専門用語がたくさん出てきて、途中で挫折してしまいかねない。だが、本を開く前にあることをすると、それを回避できるのだ。

　まず、読み始める前に、自分はこの本からどんな知識を得たいのかをあらかじめ考えてみる。次に、目次や表紙の裏などの**余白に「なぜ、○○なのか？」などと、走り書き程度のメモでいいから書き留めておく**。ちょっとしたことかもしれないが、これで**自分がなぜこの本を読むのかという目的を意識する**ことができる。そして、それらの疑問や質問の答えを探すように読み進めていく。

　疑問点を明らかにしておくと、読んでいるうちに何らかの引っかかりが出てくるので、本への理解力が高まる。

　さらに、途中で集中力が欠けてきたときは、メモを読み返して疑問点を再確認すれば、読み続けることへのモチベーションを保てる。

　この**「疑問」に「解答」するという「Q&A読書法」**なら、一見難解そうな専門書でも、効率よく読むことができるのだ。

読み始める前に自らの疑問点を明確にしておく

「上級者向け」の本は「入門書」を参考に読むといい

スキルアップに役立ちそうな本を買ったはいいが、あまりの難しさに読み進められなかった、という経験はないだろうか。

そんなときに、意外と使える方法がある。それはたとえば、資格取得のための対策本のようなものなら**「入門書」と「中・上級書」を一緒に読む**というやり方だ。

まず、タイトルや帯に「入門書」と書いてあるものや、基礎的な内容に重点を置いている本を選ぶ。図解などがふんだんに盛り込まれているようなタイプの本もいいだろう。

続いて同じ分野で「中・上級者向け」の本を一緒に選ぶ。そして、**この2冊を並行して読み進める**のである。

入門書で「基礎」を固めたらすぐに中・上級者向けの該当部分を読む。わからない箇所があったら入門書に戻って確認する。このような併読が、効率的に知識を獲得するコツなのである。

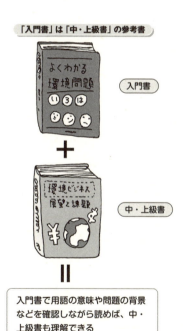

「入門書」は「中・上級書」の参考書

入門書

＋

中・上級書

＝

入門書で用語の意味や問題の背景などを確認しながら読めば、中・上級書も理解できる

「著者プロフィール」にこそ本の本質が隠されている

　書店には、同じ分野でもさまざまな著者によるそれぞれの切り口で書かれた本が並んでいる。その中から１冊を選ぶのはけっこう迷うものである。

　だが、**本選びの手がかりは、本の中の"ある部分"に隠されている。それが、「著者プロフィール」だ。**

　どんな本にも、たいていは著者のプロフィールが紹介されている。プロフィールには、筆者の名前や生まれた年をはじめ、学歴や職歴、他の著作物などが紹介されている。これらを読むことで、**どんな立場や経験にもとづいて書かれた本なのかがわかる**のだ。

　たとえば、ある国について書かれた本の筆者がその国への留学や海外勤務の経験があれば、それだけ生きた使える情報が書かれているだろう。

　あるいは、新しいビジネスについて書かれた本の著者が経済学の専門家であれば、経済全体の流れの中におけるそのビジネスの可能性について述べられていることが予想できる。

　また、そのビジネスに関連する企業に在籍した経験のある著者なら、成功談や失敗談など読者が知りたいリアルな話題にも触れているだろうし、大学で心理学を学んだ経験のある著者なら、消費者の心理考察など深みのある論が展開されているはずである。

　若い著者なら最近のトレンドなどに対して敏感であり、新しいビジネス感覚のヒントを得られるはずだ。年配の著者であれば、経験に裏打ちされた含蓄のある内容で、勇気をもらえるだろう。

　このように、**わずか数行のプロフィールではあっても、そこには、その本の質と方向性を見極めるための情報が凝縮されている**のだ。

本の中身をすぐに知りたいなら「あとがき」を先に読め

　ほとんどの本には「まえがき」がある。とっかかりとして目を通す人は多いと思うが、「あとがき」のほうはどうだろう。あとがきについては、最後に読めばいいと考えられがちで、いつも読み飛ばしているという人も少なくないだろう。

　しかし、じつはここにこそ、本を選ぶ際の重要な情報がまとめられていたりするのだ。

　あとがきにはその本の総括的な内容が端的に書かれていることが多く、場合によっては、その本を読むための指針にもなるのである。

　また、「おおまかなアウトラインを知りたい人」が対象なのか、「より深く学びたい人のための本」なのか、といった筆者が読んでもらいたい読者層についても書かれている場合がある。

　いわば、**あとがきは、本を選ぶ人にとっての「地図」のようなもの**。書店で買う場合には、まず先にあとがきを読んで、自分が求めている内容やレベルに合っているかどうか確認することを習慣づけたいものだ。

「あとがき」にはこんなことが書かれている
- この本が書かれた目的
- どんな読者を想定して書いたか
- この本が生まれた背景

など

あとがきを読めば、自分が求めている内容かどうかがわかる！

読解力ドリル

質問①

A君、B君、C君が100メートル競走をした。B君とC君が85メートルのところを走っているときにA君がゴールした。今度は3人を同時にゴールさせるために、A君のスタート地点を15メートル下げて競争してみた。さて、予想どおりに3人は同時にゴールできただろうか。

質問②

あなたが秘書を務める会社の社長は、イタリア製の高級車を2台、ドイツ車を1台所有している。先月発売された社長の著書『断らない社長』は今週の書店売上ランキングで第3位となった。さて、この社長秘書の年齢は？

質問①の答え…できない
A君が100メートル地点を走っているときにB君とC君は85メートル地点を走るので、A君が15メートル後方から走った場合、A君が100メートル地点に到達するまでに85メートルとC君は100メートル、残りの15メートル走のA君が2人を追い抜かして勝つ。

質問②の答え…あなたの年齢
問題の冒頭に「あなたが秘書を務めるある会社の社長」と書いてある。

STEP 2

「速読力」

誰よりも速く理解するテクニック

書籍、雑誌、新聞など読むべきものは山ほどあるのに、ぶ厚い会議の資料を短時間で読まなければならないこともある。そんなときにより速くより多く読める究極の技術とは？

「ものさし」ひとつでムダな「読み返し」がなくなる

　読書のとき、なぜか同じ行を何度も読み返してしまってイライラするということはないだろうか。

　そんなムダな読み返しをしないためにも、読書のときにはちょっとしたアイテムを使いたい。**用意するのは、「ものさし」**だ。透明なものではなく、色がついていて透けていないものがいい。

　このものさしを**横書きであればページの上から下へ、縦書きであればページの右から左へ１行ずつ動かしながら読んでいく**のだ。

　こうすれば、一度読んだ行をもう一度目で追うことがなくなる。時間をムダにすることなく先へ読み進めることができるというわけだ。

　実際にやってみるとわかるが、ものさしを置いておくと目線を移動させるときに次の行はどこかということに意識を向ける必要がないので、読むことへの集中力もアップする。

　もちろん、他のモノで代用してもいい。文庫本などは書店でもらえる紙のしおりでも十分だ。

　新聞や雑誌であれば、わざわざものさしを使わなくても、ページを折るなどすれば簡単に読んだ部分を隠していくことができる。

「斜め読み」より効果的な "タテ読み"とは

たとえば、明日の会議までに読まなければならない書類や資料が山積みだったりすると、それだけで気が滅入ってしまう。当たり前のことだが、文章を読むにはそれ相応の時間が必要である。こんなときに役立つのが「速読」だ。

普通文章を読むときには、一字ずつ目で追っていく「なぞり読み」をするものだが、これではどうしたって読書量は上がらない。そこで、何種類かある速読法のなかでも、比較的誰にでも簡単に取り組めるおすすめの方法を紹介しよう。それが、**「タテ読み」**だ。

たとえば、横書きの文書なら左から右に1行ずつ目で追いながら読むのが普通だが、タテ読みは**目線を上から下へ動かすだけでなく、ヨコ方向にも動かして文章をブロックでとらえる**のである。

このとき、目だけでなく顔も一緒に動かしていくのが上達のコツだ。慣れてきたら句読点は飛ばして文字だけを読んでいく。

とにかくスピードアップを意識して読むことが大事なのだ。

1行20文字程度なら訓練しだいで楽にタテ読みができるようになる。

そうすれば、文字を1つずつ追わなくても内容が頭に入ってくるようになり、読むペースがみるみる上がってくるのだ。

1行の文字数が少ない文章で練習してみよう

🔲 きょうのことば

●鈴木太郎

今まで全力でやってきたことを出し尽くすのみ。それができれば決して後悔はしないと思う。その先に最高の感動が待っていると信じている。明日が楽しみ。

タテ読み目線 ↓

速読は「文字を追う」ではなく「文字を眺める」

　文章を「タテ読み」をするときはブロックでとらえると前述したが、それもなかなか難しいという人は、視野に入れる文字数を増やす練習をしてみてはどうだろう。

　読むスピードを上げるために、視野の中に入れる文字数を意図的に増やすように心がけるのだ。

　1文字ずつではなく、言葉や文節、行単位、文章単位で大きく視野に入れて、その意味を把握していけば、当然のことながら読むスピードは速くなる。つまり、**視野に入れる範囲を、1行、3行、5行……というように段階的に増やしていけばいい**のだ。

　説明を聞くだけでは難しそうな印象があるかもしれないが、実際にやってみると意外とそうでもない。

　心を落ち着けて、ゆったりした気分でページと向き合い、なるべく視野を広くしてページを眺めるようにすると、多くの文字や行が"見えて"くるはずだ。重要なキーワードだけが目にとまるようになり、全体が把握できるようになるのだ。

　最初は、マンガのフキ出しのセリフなど面積の小さなもので練習してみるのもいいだろう。

> 文字をなぞると読むスピードは遅くなる
>
> ひと文字ずつ読んでいくのではなく、1行から2行くらいを眺めるようにすると読むスピードは速くなる。

> ぼんやりと数行を眺めると読むスピードが上がる
>
> ひと文字ずつ読んでいくのではなく、1行から2行くらいを眺めるようにすると読むスピードは速くなる。

"フォトリーディング"を マスターすれば秒速で読める！

ある一点に視線を集中させて一度に認識できる文字の数は、せいぜい8文字程度だといわれている。その続きは、視線を動かして文字を追わない限り読むことはできない。

ところが、その一瞬でとらえられる文字数を劇的に増やせる読書法がある。それが**「フォトリーディング」**である。

フォトリーディングとは速読法の一種で、**ページを画像のように目に取り込んで読む技術**である。これを実践するには、まずフォトフォーカスの訓練をする必要がある。フォトフォーカスとは3D写真などを立体視するときに用いる方法で、次のように行う。

まず、壁に向かって視点を任意の1カ所に集中させる。そして視線はそのままにして、目から40センチメートルくらい離れた位置に両手の人差し指を向かい合わせに立て、その間を5センチメートル程度開ける。

この状態でひたすら壁の1点を見つめると、指と指の間にもう1本の指が浮かんで見えてくる。これがフォトフォーカスである。このように焦点をぼやかした状態で本を読むと、文字をイメージ画像のように取り込むことができるのだ。

これに成功すると、**文章をイメージでとらえるのでインプットする時間はわずか数秒。神経を集中させ、キーワードを頭の中で繰り返すだけで情報を取り出せる**状態になる。

この方法は、本や雑誌だけでなくインターネットの画面にも応用できる。慣れるまでは何度もフォトフォーカスを繰り返すトレーニングが必要だが、情報処理にスピードが求められる職種の人なら覚えておいて損はない。まずは、人差し指を3本にできるかどうか、試してみるだけでも価値はありそうだ。

新聞10紙を30分で読み切る"時短"読破術

　世の中の動きを幅広くとらえるためにも、できれば毎日数紙の新聞に目を通したい。ところが、ひと口に新聞といっても全国紙や経済専門紙、業界紙とその種類は多い。

　しかし、ある読み方さえマスターすれば毎日10紙に目を通すことも夢ではないのだ。

　速読を駆使するわけではない。記事をすべて読むのではなく、**見出しだけに目を通しながら各紙の違いをチェックするという読み方**である。記事の内容は見出しに要約されているので、これを読むことでそこに何が書かれているのかおおよその見当はつく。

　そこで、**まず1紙だけをじっくりと読んで、それから他の新聞では見出しの違う記事だけを拾い読みする**のである。

　こうして読めば、その新聞でしか報じていない記事を拾うことができる。しかも、わずかな時間で10紙あまりの新聞を一気に"読む"ことができる。全国紙から業界紙まで幅広く目を通せば視野も広がり、仕事に役立つニュースに出会うチャンスも増えるはずだ。

　限られた時間で多くの生きた情報を集めるためにも、ぜひ活用したい時短テクニックである。

新聞10紙を30分で読む方法

① まず、いつもの1紙をじっくりと読む

② すでに読んだ記事を飛ばして他紙を読む

③ 同じ内容の記事で論調の違うものは、比較して読むと理解が深まる

円グラフ、棒グラフ…を一瞬で読み取る「視線の動かし方」

プレゼンテーションの資料や企画書によく使われるのが図表だ。じつは、図表の見方にもちょっとしたコツがあるのをご存じだろうか。

一例を挙げると、マーケットシェアやアンケートの集計結果などを表すのによく使われる**円グラフの場合は、中心点を基準にして時計回りに視線を動かしていく**と読みやすい。

それでは、数値だけが何段かに分けて示された表組みのグラフはどうだろう。

たとえば「都道府県別／○○の増加率」、「地域別／○○量」というようなタイトルがついた一覧表などで、表の左端に都道府県名や地域名、一番上の段に調査年度や月日が並んでいるものなどである。こういう表は、**左上から視線をアルファベットの「Z」形に動かしていく**といい。それが最も自然な目の動きのため、数値の変化なども頭にすんなりと入ってきやすいのだ。

というのも、我々が日ごろから接している文章は横書きのほうが断然多く、左から右に目線を移動する動きに慣れている。

つまり、これが人がいちばんストレスを感じない目の動きなのだ。

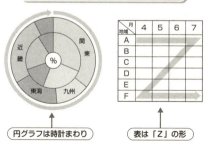

円グラフと、表を見るときの目線の動かし方

円グラフは時計まわり

表は「Z」の形

速読力ドリル

質問①

左端にある数字や記号、単語と同じものを4つの中から探し出せ。

3 7 6 1	3 8 6 1	3 7 6 1	3 7 9 1	3 6 7 1
○◆△◎	◎◆△○	○■△◎	○◆△◎	○△◆◎
萩原	荻原	萩原	秋原	荻原
相模	相撲	相模	相楽	相模

質問②

次の枠の中の文字を一筆書きで追っていくと文章が表れる。何と書いてあるだろうか。

A

こ	と	に	は	り
い	が	ま	い	し
た	す	た	る	っ
り	っ	あ	つ	ぎ
し	き	り	ぼ	が

B

よ	と	っ	く	さ
め	と	れ	る	よ
る	き	ち	か	む
ぱ	か	く	ら	ち
っ	と	か	ら	か

質問①の答え

3761	3861	**3761**	3791	3671
○◆△◎	◎◆△○	○■△◎	○◆△◎	○△◆◎
萩原	荻原	**萩原**	秋原	荻原
相模	相撲	相模	相楽	相模

質問②の答え

A…しりとりにつながりながあたりにはいるつぼがあったり
B…よくっとあめるはっともまちかねるよかちから

STEP 3

「情報収集力」

有益な情報をすばやく見極める技術

忙しいビジネスパーソンだからこそ、有益な情報をすばやく見極め、その情報をうまく活かさなければもったいない。そんな情報収集の達人が教えるテクニックとは？

情報収集の第一歩は情報をあえて"捨てる"こと

「新しいモノを1つ買うときは、古いモノを1つ処分しよう」。

これはなにも部屋の片付けに限ったことではない。情報の整理にも同じ法則が適用できるのだ。

まず手始めに、会社の机が書類や資料で埋もれている人は古くなったものからどんどん処分しよう。

これと同じ要領で、**頭の中にある情報も整理や処分をするといい**。それには、**脳にある情報をとにかく言語化してアウトプットすること**だ。インプットしてため込むばかりではなく、吐き出してすっきりさせてしまうのである。

アウトプットするにはさまざまな方法があるが、**手っ取り早いのは自分の手を動かして書き出していくこと**である。日報や日記にその日の出来事や知り得た情報を記していくのもいいだろう。

脳は、一方で"忘れる"という機能も持っている。しかし、もし忘れてしまったとしてもアウトプットしたものを見ればまた思い出すことができるのだ。

自分のキャパシティを心得て、確実な情報管理を行いたい。

不必要な情報は捨ててスペースを空けておく

インターネットの「即時性」を最大限に利用する検索法

インターネットの最大の武器はその「即時性」にある。**この即時性を最大限に活用すべく、とにかくピンときた情報はすぐに検索するクセをつけておこう。**

たとえば、気になる新商品があったらさっそく検索してみよう。公式ページで商品の詳しい情報やお得情報をチェックするのはもちろんだが、検索結果に並ぶ個人のブログも見逃せない。そこでは新商品を試したユーザーのリアルな感想を読むことができるからだ。

最近では、ツイッター（twitter）やインスタグラム (Instagram) でキーワード検索する人も多くなってきた。これら即時性のあるSNSなら、画像や口コミの最新情報をいち早く得ることができる。

このようにして、企業や一般ユーザーから発信された情報を"肉づけ"していくことで情報が立体的になるのだ。

実際、ある著名なWebディレクターも、新しい企画を考えるときには個人のブログはもちろん、ツイッターなどをチェックしてユーザーの旬な声をヒントにしているというから、この方法はおおいに参考にしたい。

気になるキーワードを検索するとこんな情報が手に入る

- ブログで実際の使用者の生の意見を知る
- 検索結果数の多さで世の中の注目度の高さがわかる
- 関連ニュースをたどると社会での位置づけや話題の方向性、派生情報などが理解できる

面倒なネット検索を驚くほどラクにする2つの方法

インターネットでキーワード検索をすると、自分が探し求めている情報もあるが、なかには無関係な情報も混ざっている。

この"無関係な情報"というのがとにかく厄介で、このようなサイトの記事を読みふけってムダな時間を使ってしまったという経験は誰にでもあるだろう。

そんな効率の悪いことをしないために、**自分に必要な情報だけをピンポイントに取り出すことができるサービス**がある。それが、「**RSS**」(**Rich Site Summary** ／リッチ・サイト・サマリー)だ。

ウェブブラウザーの一種であるRSSリーダーを入手して、お気に入りのニュースサイトやブログなどのURLを登録しておくと、更新情報やニュース記事の要約なども表示され、必要としている情報を見逃すことなく効率的にチェックすることができるのだ。

また、同じように**ムダなく情報にアクセスする方法として、「キュレーション」というサービスも活用したい**。美術館などで展覧会を企画して作品をまとめて展示する専門職をキュレーターというが、それと同じようにテーマに合わせて情報をまとめた「キュレーションサイト」がネット上に増えているのだ。

ここにアクセスすれば探している情報がすでにひとまとめになっているので、一からしらみつぶしにサイトにあたっていくという手間が省ける。さらに、そのサイトをつくったキュレーターの目を通して情報がまとめられているので、自分ではたどり着かなかったような情報を得ることができたりもするのだ。

これは使えるという便利なサービスはどんどん取り入れて、快適な情報収集環境を整えていきたい。

いつでもどこでも同じ情報をチェックできる環境の整え方

　PCやタブレットなど2台以上を使いわけていると、いかに情報を共有させるか頭を悩ませるものである。

　そこでそんな人は、検索エンジンやポータルサイトなどで無料で提供されているツールバーの中から使いやすいものを、自分が使っているそれぞれのPCやタブレットにダウンロードしよう。

　これで**複数のパソコンで同じツールバーを共有できる**ようになる。よく見るホームページをブックマークするときにも、ツールバーにあるブックマーク機能を使うようにすれば、同一のアカウントでツールバーにログインするだけで、異なるパソコンからもお気に入りサイトにアクセスすることができる。

　こうしてどこからでも必要な情報にアクセスできるようにしておけば、どこにいてもすぐに仕事にとりかかることができるのだ。

　また**「オンラインストレージサービス」**はインターネット経由でファイルを保存する方法で、**インターネットにつながる環境さえあればどこからでもファイルをアップロードしたりダウンロードしたりできる**。

　異なった形式のファイルでも一元管理ができるばかりか、パスワードを発行して複数のユーザーで大きなサイズのデータを共有することも可能だ。

　また多くのサービスが無料で、しかもスマートフォンにも対応しているので、話題となっている**「エバーノート」**などいろいろ試して自分に合ったストレージを見つけてみよう。

　ちなみに、ストレージとは「外部記憶装置」を意味する言葉。つまり、**まるで自分の外部に自分の脳をもう1つ持つように、自分のキャパシティを増やしてくれるツール**だということだ。

ネットではなく「辞書」で調べると幅広い情報が得られる

　電車の乗り換え案内や飲食店の検索はもちろん、難しい言葉の意味や英文の和訳など、インターネット検索を利用するのはもはや当たり前になった。

　それでも、**ときには辞書を手にとって情報との偶然の出会いを楽しむことをおすすめしたい。**

　たとえば、ある言葉の意味を辞書で調べてみたとしよう。そこには言葉の意味はもちろん、その言葉の使用例から熟語やことわざ、慣用句などが載っている。古典や名作などでその言葉が使われている一文を引用しているケースもある。

　また、調べたい項目の前後に書かれている項目や、つい開いてしまったページに目がとまることもある。そういった"余分な情報"は、きっとあなたの知的好奇心を掻き立ててくれるばかりか、**ボキャブラリーを増やすことにもひと役買ってくれる**はずだ。

　そんな情報とのさまざまな出会いを演出してくれる代表選手が、紙の辞書なのである。

　何かと忙しい現代ではあるが、デジタルで直線的な思考スタイルばかりではなく、**書籍や辞書のようなアナログ的で幅広い思考も持ち合わせていたい**ものだ。

「鹿暇（しか）」の意味を知りたい

トナカイも「鹿」なんだ…

検索サイトの辞書機能で調べると目的へ一直線

辞書で調べると前後の「詞華」や「鹿」などの項目も目に入り、知らず知らずのうちに知識が広がる

情報収集のカギを握る "キーマン"の見つけ方

読

　自分の仕事に役立つ情報を、さほどお金も時間もかけずに効率よく収集する簡単な方法がある。それは、会社の上司や先輩など、**あなたが身近で尊敬している人物を徹底的に観察し、彼らが読んでいるものをマネして読んでみること**だ。その人物こそ、**あなたの情報収集のカギを握る"キーマン"**となるのである。

　たとえば、取引先でのプレゼンテーションが巧みな先輩の机の上にはプレゼンをするだいぶ前からライバル会社に関連する資料や国内外の類似商品の資料などが山積みになっていて、じつに用意周到に準備していることに気づいたりする。

　あるいは、尊敬している上司を観察すると、よく持ち歩いているビジネス専門誌や経済誌があるのに気づくかもしれない。

　こうして**相手の特徴がみえてきたら、あとは自分でできる範囲でその人のことを徹底的にマネしてみる**のである。

　そうするといつの間にか、これまでは知らなかった専門知識が深まったり、会議で役に立ちそうな資料をあらかじめ集められるようになったり、積極的に発言できるようにもなる。

　また、雑誌の記事が共通の話題となって話がはずむかもしれない。

　今日からでも始められるこの情報収集術、試してみる価値はある。

情報収集がうまい上司や先輩の情報ソースをチェックする

- よく読むビジネス書の著者は？
- 購読紙は？
- つき合いの深い業界の人物は？
- いつもチェックしているテレビ番組、ラジオ番組は？

本選びの達人が教える「1分」でいい本を選ぶ技術

　読書の達人が行っている、効率的な本の選び方を紹介しよう。
　まず著者のプロフィールを確認する。次にあとがきを見て、目次を見る。最後に本文をざっと眺める。この流れでいけば、判断に要する時間は約1分だ。その1分の内訳はこうである。
　著者のプロフィールを確認する時間が15秒程度。あとがきに10秒、目次から構成や内容を知ることに10秒だ。
　そして残りの25秒程度で本をパラパラとめくって中味を見る。その間に気になる言葉が数回出てくれば、読む価値はあるとみていい。あとは表紙やタイトルなどから最終的に判断してもいい。
　この1分で判断する方法は、朝の出勤前や取引先への移動の途中に書店に立寄ったときなど、すき間の時間帯で本を選ぶときに便利だ。また、時間潰しにふらっと入った書店で「何か面白そうな本はないかな」と探すときにも活用してみてほしい。

3章まで読んでも面白くない本は読んではいけない

読

「たちまち増刷！」「ビジネス書ランキングNO.1」などと強調されている本を、読んでおいたほうがいいのかと思い、おもわず購入してしまったという経験がある人も多いのではないだろうか。

ところが、1章、2章と読み進めてはみるものの、ちっとも興味を持てない……。

こんなとき「自分には理解力がない」などと、落ち込んでしまう必要はまったくない。日々、何冊も新刊本が出ている昨今、そのすべてが自分に合うとは限らない。

とくにビジネス書は、その本の内容が自分に合っているかどうか3章くらいまで読めばわかる。筆者は自分が述べたいことを最終章まで引き伸ばしたりせず、前半でしっかりと主張しているからだ。

だから、3章を読みきった段階で「面白くない」と感じたなら、その本はあなたにとってハズレだったということだ。最後まで読まないのはもったいないという気もするだろうが、見方を変えれば**「つまらない本に費やす時間のほうがもったいない」**のである。

時はカネなり、と割り切って、新しい次の本を探したほうがいいだろう。

…と思ったら、潔く読むのをあきらめる

視野を広げたいときに読むべき作家とは？

　世の中にはあらゆるジャンルの本があるが、いつも同じような内容の本ばかりを選んで読んではいないだろうか。

　本を読むということは、自分では直接経験できないことを、著者を通して知るということだ。いい換えれば、**"著者の目"を借りて自分では体験できない世界まで視野を広げるという、一種の「仮想体験」**なのである。

　つまり、同じような書物ばかり読んでいたのでは、知識は広がらないままに終わってしまう。

　たしかに自分の考えとは相容れない内容の本は、普通なら読む気がしないものだ。

　しかし、ちょっと立ち止まってその本に手を伸ばしてみてほしい。**新たな視点や今まで考えもしなかったような発想に触れることで、自分が今まで1つの側面からしか物事を見ていなかったことに気づくはずだ。**

　「井の中の蛙」から脱却するには、物事をあらゆる角度から見る必要がある。

　さまざまな立場に立って書かれた本を読むことで、自分の経験だけでは得られないことも知識として蓄えられるのだ。

「読む気にならないもの」こそ「自分に必要なもの」

苦手なジャンルのものはつい避けてしまい、好きなものばかりを読みたがる人も少なくない。ところが、その苦手なものが、じつは"宝の山"だったりする。

心理学的に「嫌い」という感情は、その人にとってはすでに意識している対象なのである。

本当に興味がなければ目にも留まらないはずなのに、**苦手だといって遠ざけるということは、そこに自分が目を背けたくなるもの、いい換えれば弱点が潜んでいる可能性がある**からだ。

つまり、**苦手なものをあえて手にとって読んでみることで、自分の世界や価値観をぐっと広げることができる**。しかも、なぜ自分はそれを苦手と感じているのか、冷静に考えることもできる。

そこで、まず自分の好きなもの、嫌いなもののリストをつくってみるといい。これによって自己分析もできるし、自分に足りないものを見つけることもできる。

嫌いなものを新鮮に感じられるようなら、それだけで十分収穫を得たといえるだろう。

自分自身の「人間力」を広げてくれるものは、苦手なものの中にこそ潜んでいるともいえるのだ。

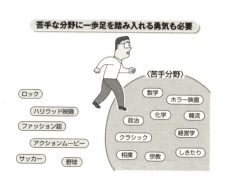

何を読めばいいか迷ったら まずは「伝記」を選べ

　エジソンやニュートン、野口英世などの伝記を、子どものころに読んだ記憶があるだろう。

　伝記には、ノンフィクションならではの魅力がある。同じように、企業家の自伝にも生のメッセージがぎっしり詰まっている。

　たとえば「経営の神様」と呼ばれる松下幸之助の『松下幸之助 夢を育てる』(日本経済新聞社)は、著者が小学校を4年で中退して丁稚となり、一代で松下グループを築いた話だ。

　貧しかった幼少期から、松下電器を創業し、数々の壁を乗り越え、そこから学んだことが本人の語り口で綴られており、小説のようにドラマチックだ。

　自伝には、偉大な企業家が実際に経験してきたことを追体験できるというメリットがある。さらに具体的なエピソードがふんだんに盛り込まれているため、経営のノウハウや困難に立ち向かうヒントもたくさんちりばめられている。

　あまたの書物の中で**何を選べばいいのか迷ったら、まずは著名な企業家の自伝を読んでみるといい**。海外のカリスマ経営者の多くも自伝を出版しているので、読み比べてみるのも面白い。

　自伝は、物語として楽しめるだけでなく、自己啓発にもなるのだ。

自伝や伝記がよく読まれているおもな経営者

松下幸之助 [松下電器(現パナソニック)創業者]
本田宗一郎 [ホンダ創業者]
稲盛和夫 [京セラ創業者]
井深大 [ソニー創業者]
スティーブ・ジョブズ [アップル設立者]
ビル・ゲイツ [マイクロソフト創業者・会長]
ピーター・ドラッカー [経営学者]
カルロス・ゴーン [日産自動車CEO]

敬称略

ときには"衝動買い"で情報を得るといい理由

　本を買うときには、衝動買いも大事である。

　日本で毎年発行されている書籍の新刊点数は約7万5000冊ともいわれ、新聞やインターネットなどさまざまなメディアの書評欄では、"本読みのプロ"によって多くの本が紹介されている。

　また、ネット書店を利用する場合には、商品の紹介とともに掲載されている「読者レビュー」にも目がいってしまうものだ。何より実際に本を購入して読んだ人の評価なのだから、こちらもなかなか説得力がある。

　ただし、それらはあくまでも他人の意見であることを忘れないようにしたい。気になった本は、実際に手にとってページをめくってみないことには、本当のところはわからないものである。

　そこで書評だけに頼らず、実際書店に足を運び、目にとまった本をその場で衝動買いすることもおすすめしたい。

　じつは、自分が「ピン」ときた本というのは、自分を高めるために必要なものだったり、意外と役に立つものだったりするからだ。

　本ならば高価なブランド品を衝動買いしたときほど懐を痛めることもないだろう。

　だからこそ、こと本に関しては堂々と衝動買いしてもらいたいのだ。

情報収集力ドリル

質問①

書店でどの本を買えばいいか迷ってしまった。そんなとき、本の「ある部分」をチェックするだけで、書かれている内容を大まかにつかめることができるという。さて、その方法とは？

質問②

清涼飲料水を選ぶのにかかる時間は２秒といわれている。そこで、開発担当者が消費調査をするために新商品のサンプルを女性モニターに見せた。さて、彼女たちは下記の３つのうち、何にもっとも興味を示しただろうか？

A ネーミング
B 価格とボリューム
C 色と形

質問①の答え…「あとがき」を読む
あとがきはその本の"締め"。つまり、そこに著者が書きたい言いたいことや、鍵になって書かれた本なのかが、比較的明確に情報が出やすかろう。

質問②の答え…C
Cは最も速、モノを見分ける能力を発揮しようとするが、特に女性に反応する。新商品は各種類の色とボリュームを比較して、それぞれ首を傾けて検討がなされている「このかた売れそう」と納得していくのだ。

STEP 4

「情報整理力」

頭の中をスッキリ整理するコツ

文章を読んだら読みっぱなしにせず、ちょっとした工夫をするだけで、書いてある内容が何倍にもなって頭に入ってくる。そんな、すぐに活用できる情報整理術を紹介しよう。

重要な情報だけをストックできる「網の目スクラップ法」

　新聞は、さまざまな記事が掲載されている情報の宝庫だ。このため気になった記事をそのつど切り抜いてストックしている人もだろう。

　ところが、いくら良質な情報が手に入るとはいっても、片っ端からスクラップブックに貼り込んでいては、数ばかり増えてしまってあとで探すのにひと苦労だ。

　そこでおすすめしたいのが、これらの切り抜きを1カ月ほど寝かせておいてから整理する方法だ。

　一定の時間を置いてから読み返すことで一過性の記事だったのか、あるいは本当に重要な記事だったのか、その重要度を再確認するというわけだ。

　このように情報を"ふるい"にかけて、残しておくと判断した記事だけを保存していく。A4用紙1枚につき1つの記事を貼り込み、テーマごとに分類してクリアファイルなどに入れておくといいだろう。

　こうすれば、スクラップした記事が必要になったときに取り出しやすく、記事が不要になったときもその記事だけを捨てることができるのだ。

　もし、これらを1冊にまとめたいなら、A4用紙にパンチで穴を開けて、リングが開閉するタイプのリングノートに綴じておくといい。これなら記事の"再編集"作業も簡単にできる。

　このような方法で必要な情報と不必要な情報の整理を定期的に行うだけでブレない思考力も養うことができるのだ。

"入れ子収納法"なら紙の書類も精密に管理できる

パソコンでファイルを管理するときに、1つのフォルダの中にさらに複数のフォルダを作成して"入れ子"にしてまとめることはよくあるが、これと同じ発想で、プリントアウトした書類を整理する方法を紹介しよう。

つまり、フォルダと同じように、**クリアファイルの中にクリアファイルを入れて分類する**のだ。

たとえば請求書を保管するときに、まずクリアファイルを1枚用意して、その表面に「2016年4月分請求書」というタイトルをつける。

その中に「図書費」「交通費」外注費」など用途ごとに分けたクリアファイルを挟んで仕分けしていく。これなら中身の請求書が見やすいし、用途ごとに請求書をチェックできる。

また、デジタルデータの場合、データを保存した「日付ごと」、あるいはファイルにつけた「名前ごと」というようにパソコン上で自在に整理し直すことができるが、一度紙に打ち出してしまったデータはなかなかそうはいかない。

そこで、日付で書類を整理したい場合は、最初から**1カ月（31日分）のインデックスが付いたファイルホルダーを使ってみる**といい。これなら作成日に合わせて日付ごとのページに挟むだけで書類を簡単に仕分けすることができる。

さらにインデックスに自由に書き込めるタイプなら、日付だけではなく、社名や案件など自分の都合のいい項目に分けて整理することができる。

このように、デジタルをアナログ的に考えると、柔軟な発想が鍛えられるのだ。

時間を節約したいなら、情報をあえて分類しない

　世の中には乱雑さが気にならない人もいれば、何でも整理整頓しないと気がすまない人もいる。どちらがいい悪いとはいえないが、多少ズボラになったほうが仕事がはかどる面もある。

　たとえば、几帳面なタイプの人は届いたメールを1つ1つ確認し、内容ごとにファイルに移動させて保存したりする。

　しかし、人によっては何十通ものメールが毎日送られてくるため、それを処理するだけでも相当な時間をとられてしまう。

　この時間がもったいないと感じている人もいるだろう。ならば、いっそのこと分類をやめてしまってはどうだろうか。

　届いたメールにざっと目を通し、急いで返事すべきものはその場で対処する。あとは**分類せずにパソコンやクラウド上にどんどん保存していく**のだ。必要になったら検索エンジンを使って見つけ出せばいい。

　ただ、保存には注意したい点がある。情報は「フロー」「ストック」「キュー」の3つに分けられる。

　フローは簡単に読んでおけばいい情報、ストックは参考にしたり検討したい重要な情報、キューは会議やイベントなどスケジュールに関する情報だ。

　ストック情報はあとで読み返す確率が高いので、メールに目印をつけておくと検索がしやすくなる。また、キュー情報には先々の予定も含まれており、その日のTO DOリストには載らないことも多い。保存はしたものの、大事な会議をうっかり忘れては大変だ。こちらはスケジュール帳にもメモしておこう。

　このように工夫して、分類にかける手間を減らし時間を有効に活用したいものだ。

アイデアが浮かぶ、やる気が出る「スクラップ・テクニック」

「それでは、最後に1つ明るい話題をお伝えします」。

ニュース番組の最後に、キャスターがこんなひと言を口にするシーンに出くわしたことはないだろうか。つまり、この"ひと言"が必要なほど、そのときのニュース番組は"暗い話題"で占められていたということだ。メディアを中心に世間にあふれている情報の多くは、どちらかといえば暗い情報なのだ。

そんな、下を向いてしまうような暗い情報が多いときこそ、"明るい情報"を積極的に集めておきたい。

人ひとりが処理できる情報の量には限りがある。その**キャパシティをすべてマイナス情報だけで埋めてしまっては、チャンスに転じる可能性のある情報を見過ごしてしまいかねない。**

たとえば、2020年に東京で開催されるオリンピックでは、社会も経済も目まぐるしく変化することが予想される。そこで、オリンピックに関する情報をスクラップしてみるのだ。

ビジネスであまりに悲観的に考えすぎると、かえって歩みを止めてしまうことになる。

ときに楽観的にふるまってみるのも状況を好転させる1つの方法なのだ。

「どの本に書かれていたっけ？」を解決する「1分間記録法」

　まだ読んでいない本だと思って読んでいた途中で、前にも読んだことに気づくということも多い。こうした重複を避けるためにも、読書記録を残しておきたい。**ポイントは書籍名だけでなく、「目次」まで写しておくこと**だ。

　目次とは、その本のエッセンスであり、いわば道案内である。目次を見れば本の内容がだいたい把握できるようにつくられている。そこで目次を書き写しておけば、細かい内容は覚えていなくても、**ストックしておいた目次を見ればおおまかな内容が思い出され、どこにどんなことが書かれていたかがわかる**のだ。

　目次の量が多すぎるものは、自分が気になった見出しだけでもいい。これなら1分ほどで書き写すことができるだろう。目次をスキャンしてPDFにしてもいい。

　この方法は雑誌でも使える。雑誌は場所をとるうえに、次々に新刊が出てストックは増えていくばかり。しかも、一度ダンボール箱などに入れてしまうと、また取り出すことはなかなかない。

　そこで、目次をコピーしたりスキャンして記録するか、目次の部分だけを切り抜いてストックしておこう。**いちいち雑誌を開かなくても何月号にどんな情報が載っているのかがひと目でわかるようになるのだ。**

目次ストックがあれば本を丸ごと整理できる

- 読書記録
  - おどろきの会社経営
  - 経済はどうなる!?
  - まるわかり経済学
  - 経営のツボ
  - 通る企画書の書き方
  - プレゼン大作戦
  - 英会話上達法

1冊ごとにファイルを作っておくと便利

仕事がサクサク進むデータ管理の名付けルール

読

パソコンでデータを作成するときには、ちょっとしたことに気を配るだけでその後の仕事の効率がグンとアップする。

たとえば、仕事のアイデアを箇条書にした**文字情報だけのデータはテキストファイルで作成したほうが容量も軽いし、ファイルを開くときにもすぐに立ち上がって扱いやすい**。

パソコンのような多機能なデジタルツールだからこそ、思うままに使いこなすためにはアナログ的思考に基づいたルールづくりが欠かせない。

また、パソコンのファイルを作成するときは、ファイル名の「名付けルール」を徹底することも重要だ。データによってファイル名がバラバラでは、管理や検索に余計な手間がかかってしまう。「日付／プロジェクト名／バージョン」など名付けのルールを決めておけば、名前をつけるのに悩むこともないし、管理も検索も簡単だ。

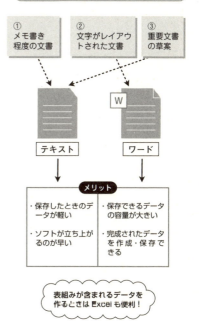

写真やデータを最も確実に保存する方法

パソコンに入力されている重要なデータは、破損や紛失防止のためにパソコンのハードディスク以外にも保存しておくことが常識となっている。

データを記録するためによく利用されているのが、USBメモリに代表されるフラッシュ型メモリや、CDなどの光学系メディアである。しかし、**写真やテキストデータの長期保存方法として最も実用的なのが、じつは紙にプリントアウトしておくこと**なのだ。

これは一見、デジタル全盛の時代に逆行するようだが、紙にプリントアウトしておけばハードがなくても中身を確認することができる。

しかし、少しでもメディアに問題があると読み取ることが難しいデジタルデータと違って、多少劣化しても中身を確認することができるのだ。

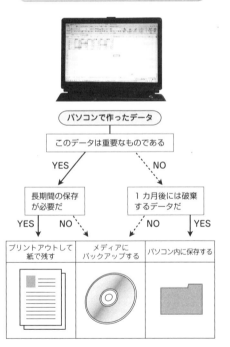

データの内容によって保存方法を変えてみる

未来の財産になる「1行読書日記」のつけ方

学生時代のアルバムを見ると、何を考え、何に悩み、何を目標にしていたのかといった、今ではすっかり忘れていた当時の自分を思い出すことができる。

日々の出来事を文章にして書き留める日記にも同じ効果がある。この手のものはいわば自分史なので、**自分自身の行動を省みたり、今後の人生の指針にしたり、思いのほか役に立つものだ。**

そこで**提案したいのが、これらに「読書日記」を加えることだ**。いちばんいいのは、**読んだ本の内容や感想を日記のように書くこと**だが、それが難しければ読んだ本のタイトルだけでもいい。

こうしておけば、**過去の自分が何に興味を持っていたのかが一目瞭然だし、考え方の変化や偏りなどにも気づきやすい。**

また、読み終わったそばからツイッターで本のタイトルと感想を書き込んでおくのも1つの手だ。すると、それがそのまま読書日記になるだけでなく、同じ本を読んだフォロワーから目からうろこの感想やおすすめ本の情報が届く可能性がある。

既読の**本のタイトルもずらりと並べば立派な"自分史"になる。**年度初めなど、目標を立てるときに1年間どんな本を読んだのかを改めて見直してみるのもいいだろう。

発想のヒントになる「図版データベース」のつくり方

いざ情報が必要になってからインターネットや新聞、雑誌など大量の情報に一からあたっていたのでは効率は悪い。いざというときに慌てないためにも、普段から仕事に関連する業界の動向くらいはしっかりとチェックしておきたいものだ。

そこで**おすすめしたいのが、業界紙や専門誌を定期購読すること**。このような新聞や雑誌に掲載されている記事はその業界に精通している人によって編集されており、最新の動向もわかりやすく書かれている。全国紙よりもピンポイントに掘り下げられているので、詳細なデータをつかむこともできるのだ。

さらに、資料として使われている図表にも注目したい。一読しただけではわからないような専門性の高い内容ほど読者にわかりやすいように、図解やフローチャートでまとめてあるのだ。

このような**図版やグラフは、切り抜いてスクラップしたり、スキャンしてデータ化しておくと便利**だ。分野ごとにファイルをつくり、いつも持ち歩いているタブレット端末に保存しておけばオリジナルのデータベースとして活用できる。

こうしてデータを管理しておくと情報の裏づけがほしいときや、企画書に説得力を持たせたいときに使えるのはもちろん、新たなる発想にもつながるのだ。

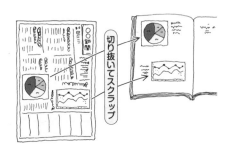

領収書の整理がラクになる「五十日ルール」

　レシートや領収書をとっておいて家計簿をつけるようになったという家庭が増えている。最近はパソコンやスマートフォンで簡単に家計簿をつけられるソフトも人気だという。

　ところが、いくら便利になったといってもレシートや領収書を日々チェックするのはレシートの山を目の前にすると、どうにもうんざりしてしまう。

　それに、こまめに整理しておかなければどこかに紛れ込んでしまったり、いつの間にかなくなってしまったりする。

　そこで、このように煩雑な作業には、それを積極的に処理するためのシンプルなルールづくりが欠かせないのである。

　まず、手の届きやすい**引き出しを1カ所あけておいて、そこを専用の「レシート入れ」**にする。

　この引き出しに**レシートや領収書をどんどん投げ込んでいく**のだ。

　ただし、その引き出しは月末にまとめて整理するのではなく、もっと短いスパンで整理するようにルールを決めておく。

　たとえば、**5と10のつく日、俗に「五十日」と呼ばれる日ごとに整理していけば、大量のレシートや領収書を一度に処理するような面倒もない。**

　ちなみに、交通渋滞が激しくなったり銀行が混雑したりするのが五十日だ。

　いまだに多くの企業で決済日としているこの日をプライベートの"決算日"にして処理してしまうのもわかりやすいツールといえるだろう。

質問

母親の還暦のお祝いで里帰りした娘に、母親はこんな話をした。「私が今のあなたの年齢だったときのあなたの年齢の3倍が、ちょうど今の私の年齢になるのね」。さて、この娘の今の年齢は？

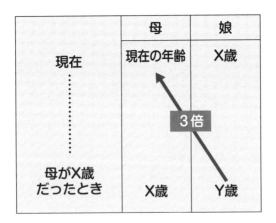

答え…40歳

母親は還暦なので現在60歳。娘に現在の娘の年齢を X 歳とする。母親が X 歳のときの娘の年齢は、母親の年齢の今から3分の1だから、20歳。2人の年齢差は現在も昔も変わらないのだから、$60 - X = X - 20$ という式が成り立ち、これを満たす X の値は40しかない。

STEP 5

「裏読み力」
新聞、広告、メール…書き手の心理の読み方

手紙やメールで大切なのは、そこに書かれた文章だけではない。その裏にある情報を読みとることができれば、より円滑なコミュニケーションが図れるようになるはずだ。

新聞やネットの記事は2つの部分を読むだけでいい

　今や、新聞社のウェブ会員になればニュースからコラムまでその日の新聞が丸ごと読める時代だ。だが、紙からデジタルに変わっても新聞は欠かせぬ情報源であることには違いない。

　しかし、新聞記事を隅から隅まできちんと読もうとすれば、少なくとも1時間はかかる。ましてや、忙しい朝の時間に読みきることは不可能だ。

　そこで、**新聞を速く読むために、記事構成のパターンを知っておこう**。新聞記事は大見出しと小見出しに結論が書かれている。そして、その隣に要旨を説明するリード、詳細を記した本文と、この3つで構成されている。

　つまり、**見出しとリードの部分を読むだけで、そこに書かれている内容はおおむね理解できる**。そのうえで興味のある記事だけ読んでいけば、時間をかけずに新聞全体に目を通すことができるのだ。

　また、意外と知られていないことだが、**重要な記事は新聞の左ページに掲載されていることが多い**。だから、**時間のないときには1面から順に奇数面だけを斜め読みしてもいい**。

　ちなみに、「新聞はとらずにニュースはあくまでもパソコンの画面で読む」という人にも、見出しとリードをチェックするやり方は当てはまる。各ポータルサイトのニュース欄を見てもわかるように、こちらも結論はすべて見出しに書かれているからだ。

　いくつかのニュース欄の見出しだけを拾い読みすれば、取り上げられている頻度で重要度も理解できる。また、ある程度なら過去の記事も閲覧できるので便利だ。

文章に秘められた相手の思惑は「数字」に表れる

読

新聞や雑誌の記事にはよく数字が出てくる。だが、この数字の出所までを意識して読んでいる人は少ないだろう。

じつは、このような数字がいつ、どのようにはじき出されたもので、世の中全体の何を示しているのかに注目すると、ただ漫然と読んでいるよりもその内容を的確に把握することができる。

統計調査などをもとにした数字の場合もあれば、書き手が自分の感覚や生活の実感から予測したアバウトな数字の場合もある。**そこで数字が出てきたら、前後の文章から、その数字がどういうものかを読みとりたい。**

たとえば記事の最後に、「厚生労働省□□局・2015年度調査」といった但書があれば、これは政府が直接調査した数字だということになる。また「○○自動車によると、〜は△△件あり」といった数字であれば、特定の業界がある程度きちんと調べた数字であるということがわかる。逆に、「たとえば国民の○○％が……」という数字だと、あるデータを引用しつつ書き手が仮説として用いている場合もある。

いずれにせよ、文章中に出てくる数字を理解する「数字力」を身につけておけば、記事を通して世の中の流れを的確に感じ取る力が自然と身についてくるはずだ。

数字とともにチェックすべき点はココ！

- 日本政府観光局によると2012年に訪日した外国人は○○○万人。 【国の調査】

- ブラジルの不作によりコーヒー価格は昨年度比○％減（全日本コーヒー協会調べ）。 【業界の調査】

- 起業家は10万人に1人の割合で存在するといわれている。

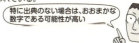

特に出典のない場合は、おおまかな数字である可能性が高い

この「ネット検索術」でニュースの裏側を見抜く

インターネットで、情報検索する際におすすめしたいのが、**気になるテーマを見つけたときに、それをとことん掘り下げてみるという検索法**である。

これを続けると、そのうち思わぬ情報にたどり着き、それまでは見えてこなかった新しい事実を知ることもできるのだ。

たとえば「地球温暖化」について調べていたとしよう。すると検索結果には、温室効果ガスが地球環境に与える影響について解説したホームページをはじめ、温室効果ガス以外の温暖化の要因などさまざまな情報が掲載されたページのトピックスが表示される。

その中から、気になったページを開いて最新の情報をチェックし、さらにそのページの気になる言葉を調べるというように情報をとことん掘り下げていくのだ。

注意しておきたいのは、個人のページはもちろん、たとえ新聞社や政府のような公共性のあるホームページであっても、掲載されている内容をそのまま鵜呑みにしないことだ。

なかには私見や偏った情報もある。少しでも疑問に思うなら、**1つの情報ソースだけに頼らず、テレビや新聞など複数のメディアの情報を重ね合わせたい。**

気になるワードを掘り下げて検索する

地球温暖化対策ってどうなってる？

各国の駆け引きがみえてきたゾ…

COP1？そういえば、最初の会議ってどんなだっけ？

女性は「口コミ」、男性は「比較サイト」でチェックする

何か買い物をするときに、あなたはまずどんなアクションを起こすだろうか。そう聞かれて、「まずはネットで調べてから」と答える人が年々増えている。そのせいか、以前よりも衝動買いをする人が少なくなっているという。

つまり、買い物をするときには事前にじっくりと検討してから腰を上げる人が増えたのである。

ところで、ネット利用に関しては女性と男性では少々異なる傾向がある。**女性が主に利用するのは口コミサイトで、一方の男性は比較サイトでチェックする**というのだ。

女性は口コミサイトに書きこんだり、他のユーザーの意見を読んだりと、まるでコミュニケーションを楽しむように情報を収集している。これに対して男性は、商品のスペックなど商品を購入するための情報だけを求めているのだ。

これは、男性と女性のショッピングに対する考え方の違いが関係しているという。**女性は比較的時間をかけて買い物自体を楽しみ**、ときには見ているだけでも楽しいと感じる一方で、**男性は欲しいものだけを買う**、つまりモノを買うという目的のためだけに買い物をする傾向があるのだ。この傾向、覚えておいて損はないだろう。

買い物をするときに重視している情報はこれだけ違う

女性	男性
・実際に使った人の感想 ・より多くの使用者の意見	・商品の詳しいスペック ・商品の値段
↓	↓
口コミサイト	比較サイト
多くの人が「いいね」といっているものを買いたい	商品そのものを検討して自分が納得して買いたい

本や雑誌の「広告」を読むだけで世情がわかる

　じつは**書籍や雑誌の広告は見逃すことのできない情報の宝庫**なのだ。

　書籍の広告には、その本の"ウリ"が書かれている。その本だけに書かれている内容や新しい切り口などのほか、どんな人物が書いたのか、どんな経験のある著者なのかも書かれていることがあり、本の中味を判断する材料となる。

　このような広告は、もちろん本や雑誌を買うための参考にもなるが、**広告そのものを１つの情報として利用するのもおすすめだ。**

　週刊誌の広告からは今、流行しているものは何か、世間が何に注目しているかといった最新の情報を読み取ることもできる。

　また、キャッチコピーなども新しいアイデアを生み出すヒントになるだろう。

全体的に経済やお金の関連本が人気

4月の新刊

いままでの家計簿は捨てなさい！
新家計簿術

○○○が見た、聞いた!!
世界経済のウラ話

あなたはまだ知らない
暮らしの知恵とお金の知恵

ついに30万部突破!!
経済コメンテーター○○○氏も絶賛!!
おもしろいほどよくわかる
経済の本

平成の新常識　お金編

コメンテーターの人物評から本の質が見極められる

新常識がキーワード

企業もほしがる情報が「読者投稿ページ」に潜んでいる

　新聞につきものなのが**「読者の投稿欄」**だ。じつは、ここには貴重な情報がいっぱい眠っているのだ。

　この欄に掲載されているのは、一般読者のナマの声だ。どんな専門家の意見や企業のリサーチよりも生々しく、リアルで率直な意見や感想が溢れている。実生活に即した、**普通の人々の目線で書かれた投稿には大きな価値がある**といっていいだろう。

　さらに、もっと多くの人の意見を知りたいと思ったら、インターネットの質問サイトを閲覧してみるといい。ネット利用者同士が交流しながら疑問を解決していくこのようなサイトでは、新聞よりもさらに忌憚のない意見を知ることができる。

　たとえば、あるモノを購入しようかどうか悩んでいるときは質問サイトで検索してみると実際に購入した人の使用感が書き込んであったり、独自に編み出した使い方を伝授していたりと、玉石混淆ではあるもののとにかくリアルな情報にあふれている。

　もちろん、知りたい情報にヒットしなかったら、自らが質問者となって不特定多数の人の意見を募ることもできる。

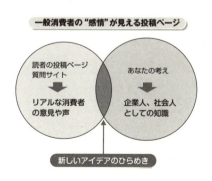

もらったメールで重要なのは「いつ送信されたか」

メールを受け取ったとき、**チェックしたいのが「送信日時」**である。とくに知らない間に届いていた場合、**相手がいつ送信したのかを必ず見る習慣をつけておきたい。**

そうすることで、たとえばかなり前に送られてきたメールなら、返信の際に「返事が遅くなって申し訳ありません」のひと言を付け加えたほうがいいことがわかる。

また送信日時は、場合によってはいろいろな情報をもたらしてくれる。たとえば商談をしたあと、先方から「OK」のメールがどれくらい時間がたって送信されたのかをチェックしてみる。

すぐに送信されたのであれば問題もなく結論が出たのだと推測できるが、逆にかなり時間がかかっていれば、もしかしたら先方で何らかの問題があって話し合いが行われた可能性もある。それを念頭においておけば、次に担当者と会うときの対応に役立つ。

また、真夜中や早朝など、常識的には考えられない時間帯によくメールがくるなどの場合は、相手の生活のサイクルが予想できて、連絡をとる場合の参考にもなる。

送信時間を簡単にチェックできるというメールの特徴をうまく利用すれば、仕事を効率的に進められるのはもちろん、よりよい人間関係を築くのにも役立つだろう。

メールの受信時間は必ずチェックする

受信の日時をチェックすれば、的はずれなメールを送ることを避けられる

メールは「一文の長さ」から相手の心理が読める

メールには、送った人の心理が表れるものだ。

まずは**相手のメールの言葉遣いに注目したい**。一般に、尊敬語や謙譲語を多用した丁寧な文面であれば、相手は自分のことを「格上」と見ているが、用件を端的に述べた文面の場合、「同格」と見られていることが考えられる。

たとえば、同年代で立場的にそれほど隔たりがあるわけでもないのに丁寧なメールを送ってくる人は、まだ腹を割って話せる関係ではないと距離を置いていることが推測できる。

さらに**文章の長さもチェックしたい**。要件の前に前置きが長々と続いていれば、伝えにくい事柄だったり、あまりいい話ではないことが多い。逆に、最初からいきなり要件から始まる簡潔なメールには、相手の自信と意志の強さを読み取ることができる。

また、**相手が返信を求めているかどうかも見極めたい**。質問や問い合わせのメールの場合だけでなく、約束や会合の確認メールでも、相手は「了解しました」という返信を待っているはずだ。

自分が送信者の場合、メールを受け取った相手がどのような対応をしてくれると安心するか。メールを送るときには常にそのことを考えておくと、自ずとどんな返信メッセージが適切なのかがわかるようになるはずだ。

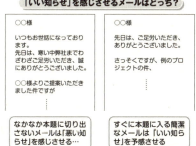

「いい知らせ」を感じさせるメールはどっち？

なかなか本題に切り出さないメールは「悪い知らせ」を感じさせる

すぐに本題に入る簡潔なメールは「いい知らせ」を予感させる

質問①

Aが「もし私の考えていることを言い当てたら、1万円あげよう」とBにいったところ、BはAから1万円をもらうことに成功した。さて、Bは何といって1万円もらったのだろう。

質問②

「紙とペンだけを使って直線を描きなさい」という問題に、ある少年は紙の端をずらして折り、紙の縁の部分を定規のようにして直線を書いた。では、この紙を使って放物線を描くにはどうすればいいだろう。

質問①の答え…「私に1万円をくれようとはしないでしょう」。
もし、この言葉が当たっていれば「あげてない！1万円を渡さないと」となるし、当たっていないから、「1万円をあげるのか！」ということになるので、どちらにしても1万円をもらえることになる。

質問②の答え…紙をまるめて筒の上に投げる
モノは重力の影響下で放物線を描いて落ちてくる。

第 5 部

「書く力」が面白いほど身につく！

なぜ「書く力」が必要なの？

せっかく情報を得たのに頭の中でスッキリまとまらない——。たくさんの資料や本を読んで多くの情報を集めたとしても、それを自分のものとしてどううまく整理して使いこなすかが問題だ。しかも、それを相手に伝えられなければ意味がない。そんな悩みも「書く力」とそのセオリーを身につければすぐに解消するのだ。

書く力
- メモ力
- 手帳力
- 企画力
- 文章力
- 手紙・メール力
- 文具力

が身につくと

↓

人間関係がみるみる良くなる！

STEP 1

「メモ力」

考えがまとまる、アイデアが閃く書き方のコツ

> いいアイデアは、まず「書く」ことから生まれる。アイデアの宝庫といわれる達人のメモ・テクニックを身につければ、自然とアイデアは湧いてくるはずだ。

「縦分割法」で普通のノートが オリジナルノートに変わる

「縦分割法」と呼ばれるノートの活用法がある。あらかじめノートの中央に縦半分に線を引いて左右を分割して使う方法だ。

このノートの**メリットは縦線を引くことで1行の長さを半分にして、一度に目に入る文字量を増やせること。しかも、書くスピードが上がること**だ。

多くの人はノートを左端から右端まで文字で埋め尽すものと思っているが、そうするとページの左から右まで手を動かさなければならない。さらに、書いた文字がノートの両端いっぱいに広がるため、視線も左右いっぱいに動かして読まなければならない。

ところが、縦に線を1本引くと、ページの真ん中で文章が下段に移動するので、手も視線もあまり移動させなくて済む。集中力も増して書きながら内容を理解できるようになるのだ。

縦分割法のもう1つの優れた点は、ノートを自分流にアレンジできることだ。つまり、ページを半分に分割するので左右を別々の用途で使い分けられるのである。

たとえば、左半分を会議用のノートとして使い、右半分はアイデア帳にしておいてもいい。

読みやすさと書きやすさを追求すると、1行あたりの長さが短い縦分割法は理にかなっているのだ。

ノートを縦に2分割すると書きやすく、読みやすい

資料として使いやすいノートは「1枚目」が違う

　真新しいノートを買ったとき、どのページから使い始めるだろうか。ノートをムダなく使うために、最初のページから書き始める人が大半かもしれない。

　だが、資料や情報をまとめて保存したい場合は、最初のページからいきなり書きはじめるのではなく、**最初の1、2ページは白紙で残しておきたい**。こうしておけば**ノートを使い終わったあとに"目次"をつくる**ことができるからだ。

　目次とは本文中のタイトルを書き出したものだが、書籍でも雑誌でも冒頭に目次が設けてあるおかげで、読みたいページをすぐに探せる。

　そこで、ノートにも目次をつけてこれと同じ効果を狙うのである。

　もちろん、書籍のようにすべてのページにナンバーをふる必要はない。自分がとったノートはある程度内容を覚えているはずだから、本文のタイトルを順番に書き出しておくだけで十分である。

資料として使うノートには、必ず目次ページを作る

ノートを最後まで使い終わったら

1ページ目に戻ってタイトルを順に書き出す

好感度が200％アップする「雑談メモ」

ビジネスの場で好感度を上げるために活用したいのが「雑談メモ」だ。**コツは、なるべく細かいことまでメモすることだ。**

たとえば相手がスポーツが好きなら、どこのチームのファンか、好きなプレイヤーは誰か。酒が好きなら、好きな酒の種類やどんな店に行くのか。家族の話題が出たら家族構成だけでなく年齢も記しておく。すると次に会ったとき「お子さん、進学ですね。おめでとうございます」といった会話の糸口をつくることができる。

また、商談が終わり雑談に移ったときに、ふと取引先が「ライバルのA社は、最近なんだか頑張っているね」といったとしよう。**注意していなければ聞き流してしまうようなこんな情報も忘れないでしっかりとメモをしておく。**

さっそく調べると、A社が営業部員を増やして販促に力を入れようとしていることや、新しい商品を開発してその販促キャンペーンを打とうとしていることなどがわかったりする。

さらに、次の打ち合わせのときにこの話題を出せば「そんなことまで覚えていてくれたのか」と、好印象を与えることもできる。

とにかく気になる話題はどんどん書き留めれば、それがいつか役に立つはずである。

あとで貴重な資料になる「Q&A式メモ」

ふと疑問に思う事柄に出会ったら**調べた「結果」だけなく、なぜ疑問に思ったかという「疑問点」も一緒にメモしておくように**すると、あとで非常に役に立つ。

たとえば、地球温暖化について「二酸化炭素ってそんなに温暖化を進めているの?」と疑問に思ったとしよう。ところが調べてみたら、メタンガスのほうが温暖化を進めているらしい。だが、「メタンガスが地球温暖化を進めている」という結果だけを書いてしまうと、読み返したときになぜこれをメモしたのかわからなくなる。利用価値の低い情報だと読み捨ててしまう可能性もある。

そこで、ここに**疑問点と結果を合わせて記入していれば、そのときの状況をすぐに思い出せる**し、あとで何かの資料にしようという気持ちも生まれる。

場合によっては、疑問点から**新しいアイデアが生まれる可能性も**あるのである。

● 調べた内容だけをメモすると…

・2012年、1000万人突破!
・男性のほうが愛好者が多い

「何だったっけ…」

● Q&Aでメモすると…

Q 日本のジョギング、ランニング人口は?
…2012年に1000万人突破!
…男性のほうが愛好者が多い

過去のメモ帳を最大限に利用する情報ストック術

　仕事の参考にできないものかと、過去の仕事のメモをメモ帳や手帳から探し出そうとしたとき、思わぬ時間がかかってしまったということはないだろうか。

　このようなムダをなくして、**過去の情報をより効率的に利用するにはメモもデータ化する**のが一番だ。最も使い勝手がいいのはスマホのメモアプリだろう。

　気づいたその場で記録して、スマホやパソコン、タブレットでも見られるようにクラウド化しておくだけで、いつでもどこでもデータを閲覧したり更新することができる。

　それに、過去の記憶が多少薄れていてもパソコンには検索機能が備わっている。キーワードさえわかっていれば、コンピュータが探し出してくれるのだから、こんなに楽なことはない。

　訪問先の連絡先や担当者名だけでなく、そのときに進めていたプロジェクト名や取り組むことになった経緯や結果もデータとして残しておきたい。また走り書きした企画のアイデアや調査データなどもメモしておけば、のちの仕事の参考にすることができる。

　過去の出来事は書いたままにせず、どんどんデータ化して管理すれば、貴重な"マイ資料庫"がつくれるのである。

「どこでも100円ペン」で
アイデアがみるみる貯まる

　高級ブランドの万年筆やボールペンなどを持つことも大切だが、思いついたことをすぐに書き留めたいなら、**100円ショップで売っているペンをとにかくいっぱい買ってきて、いろいろな場所に置いておこう。**

　仕事のアイデアはいつどこで浮かぶかわからない。新聞や雑誌、テレビで知った印象的な事柄を書き留めたいと思うこともあるだろう。そんなことを**何でもその場で書き留めるためには、生活スペースのいたるところにペンが置いてあったほうがいい**のだ。

　会社や自宅の机の上はもちろん、キッチンやテレビを見るときに座るソファーの脇、玄関、トイレ、そしていつも持ち歩くバッグの中などにも安価なペンを入れておく。

　また、書き記す紙のほうも「何でもいい！」と割り切って雑誌や新聞、折り込み広告や本のカバーの裏、コンビニエンスストアで買い物をしたときのレシートの裏などを利用する。**大切なことは、思いついたことを「忘れないうちに、すぐ書く」という習慣をつけること**である。

　こういう習慣がつけば、アイデアが自然と蓄積していくのだ。

　走り書きのメモは、きちんと書いたメモよりも利用価値が高いということを覚えておこう。

ボールペンがあると便利な場所リスト

✓	カバンの中	□	洗面台
□	ジャケットやコートのポケット	□	ソファーのそば
□	玄関	□	パソコン机
□	トイレ	□	車のダッシュボード
□	寝室	□	灰皿のそば
□	キッチン	□	ダイニングテーブル

メモ力ドリル

質問

面白いアイデアが浮かぶのは、何も机に向かっているときだけではない。"いざ"というときのために、アイデアを書き留めるメモ帳はひと時も手放したくないものだ。そんなメモの書き方として理想的なのはどっち？

A
```
効果的なプロモーションは？
        ↓
ブログを立ち上げる
・女性視点
・キャラクターも登場して
  親しみやすく
```

B
```
4/20、19：30、カフェにて
クライアントからTEL
「新商品のプロモーション
          を検討」
        ↓
女性向け媒体の空き枠を
          カクニン
```

答え…B

どちらも簡潔なメモだが、聞いていた場所と日時からそのメモ内容を書いた状況をすぐに思い出せる。そこからアイデアをさらに膨らませていくのだ。

STEP 2

「手帳力」

仕事の効率が上がるうまい使い方

手帳にただ予定を書き、確認するだけではもったいない。手帳を有効活用できれば、仕事の効率ばかりか、やる気も倍増させることができる。さて、その方法とは?

１日の作業を"見える化"させる付せん遣いのコツ

　幅が異なる付せん紙を色違いで３～４種類用意して、シンプルにスケジュールを管理してみよう。

　まず、**１枚の付せん紙に１つの仕事の内容を書き込んで手帳やノートに時系列で貼っていく**。デスクワークは青、営業はピンク、社内会議は黄色、といった具合に仕事の内容によって色を変えていくことがポイントだ。次に、それぞれの仕事に要する時間によって、たとえば30分以内なら一番細い付せん紙を、１時間以内なら真ん中の太さを、１時間以上ならもっとも太いものを、と**時間によって付せん紙の幅を変えていく**。

　こうしてスケジュールを視覚化しておけば、**手帳を開いただけで１日の時間配分がひと目でわかる**。急に予定外の仕事が入ったとしても、**付せん紙を貼り替えればスケジュールの調整も簡単にできる**のだ。

　最近は表面に定規の目盛りがプリントされた変わりダネの付せん紙など、色も大きさもさまざまなタイプが市販されている。

　単に目印やメモとして使うだけでなく、一歩進んだ活用法を編み出してみたい。

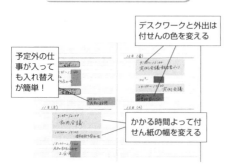

付せん紙で行うスケジュール管理

- 予定外の仕事が入っても入れ替えが簡単！
- デスクワークと外出は付せんの色を変える
- かかる時間よって付せん紙の幅を変える

「仕事とプライベートの手帳は分けない」のが鉄則

手帳のスケジュール欄に、色とりどりの文字でたくさんの予定が書き込まれていると見ているだけで楽しくなってくる。どうせ持つならそんな手帳にしたいものだ。

そこで、そんな手帳にするためのコツを1つ。それは、**「仕事」と「私用・プライベート」の手帳を1冊にまとめ、さらに予定を書き込むときには、テーマごとに文字の色を変える**のである。

たとえば、「仕事」に関する予定は黒、「家族」との約束や誕生日などは青、「友人」との約束は緑、「デート・合コン」などは赤、というように色分けして記入する。それだけで仕事漬けだった生活が、不思議と充実した楽しいものに見えてくる。

仕事で公私混同はやめたほうがいいが、パッと開いた手帳に今考えていることとはまったく離れた言葉が書かれていれば、その瞬間「コレだ！」というアイデアがひらめくかもしれない。

また、テーマごとに色を変えて書いておくと、スケジュールのバランス調整もしやすくなる。

「最近、青い文字の書き込みが少ないな」と気づいたら、積極的に家族と過ごす時間をつくろうと思うかもしれない。「赤い文字が減ってきてるな」とわかれば、彼女とのデートの機会を増やそうと仕事にも気合が入るはずだ。これならストレスもたまらないし、生活全体に張り合いが出てくる。

これを実践するためには、安いものでいいので**4色のボールペンを持ち歩きたい**。やってみるとわかるが、記入する内容によって色を変えるというのは意外と楽しい作業である。

黒い文字だけがビッシリと並んだ味気ない手帳と違って、開くことそのものが刺激になるはずだ。

スケジュール、メモ、資料…すべてをうまく整理するインデックス法

　システム手帳はリフィルを１枚単位で差し替えて、カスタムできるのが特徴だ。そこで、リフィルを区分けするための樹脂製のインデックス（見出し用紙）**を使って情報集約型の手帳をつくる方法**を紹介しよう。

　インデックスには縦と横の２つのタイプが売られている。横タイプのインデックスはリフィルの横にタブ（見出し）が突き出しており、一方の縦タイプは上に出ている。これらをメモのリフィルと一緒にシステム手帳に綴じ込んでしまうのだ。

　そして、横のインデックスにはアイデア、企画、プロジェクトなど思いつきや検討を加えたい項目を並べ、上には計画、売上推移、調査結果などの参考になりそうな資料の項目を入れておくのである。これだけで、ふだんは別々にして持っているメモ帳と資料のファイルを一緒にすることができるのだ。

　さらに、上のインデックスには"未分類"の項目もつくっておきたい。時間がなくて走り書しておきたい場合はすべてそこに書き込んで、あとで該当する分類に振り分けてしまえばいい。

　このような使い方をすれば、自然と項目ごとにメモや資料が分類されるので、頭の中まで整理されるのだ。

インデックスをつけておけば情報整理が簡単
"とりあえず"のメモは「未分類」へ
メモした用紙を各項目ごとに綴じる

「時間想定メモ」で
ムダな時間が省ける

　手帳のスケジュール欄には「14：00　○○社△△氏と打ち合わせ」というように、予定の開始時刻だけを書き込むのが普通だ。

　だが、この予定が予定どおりに終わらず、次の予定に食い込んでしまった経験のある人も多いだろう。

　そこで、スケジュールを書き込むときはあえて終了予定時刻も一緒に書き込むようにしておきたい。

　たとえば、14時からの打ち合わせの後、15時から会議があるとすれば、「14：00　○○社△△氏と打ち合わせ」だけでなく終了時間の「14：50　打ち合わせ終了」も一緒に書き込んでおく。

　すると、14時40分頃になったら「そろそろ話をまとめよう」と頭の中で話の流れを計算できる。

　もし、時間内に話がまとまりそうにないと感じたら、「一度会社に持ち帰って検討させていただきますので、後日改めて打ち合わせをさせてください」と提案することもできる。こうすることで次の予定を狂わせることなく、仕事にも影響を与えずにすむのだ。

　最初から時間に限りがあると思えば、たいていの場合、人はその時間内で何とかしてカタをつけようとするものである。

　しかし、それでも相手のペースに巻き込まれてしまい、なかなか話を切り上げられないこともある。そんなときは、スマホや携帯のアラーム機能の通知設定を使ってみよう。

　あらかじめ、終了予定時間の5分前にバイブが作動するようにセットしておけば、バイブ音をきっかけに「では、そろそろ…」と話を切り上げることもできる。相手にも配慮しつつ、時間を上手にやりくりしたい。

手帳を「家計簿」として利用する ちょっとした工夫

　手帳をめくってみると、スケジュール欄には文字がぎっしりと詰まっているのに、メモのページはほとんど白紙状態だったりする。手帳はページによって使われ方にかなり片寄りが出るものだ。

　そんな**使われていないスペースを活用して、1日に使った金額と用途を書き込んでみてはいかがだろう**。そうすればその手帳は"持ち歩ける家計簿"にもなるのだ。

　電車やバス、タクシーなどの交通費、昼食代、コンビニエンスストアでのちょっとした買い物など日々出ていくお金は多い。それらを小まめに書き込むのだ。たとえば電子マネーで支払ったものには「☆」、領収書があるものには「○」の印をつけておく。

　こうしておけば、自身のお金の管理に役立つばかりか、1ヵ月のお金の出入りも把握できる。

　また、1日の終りにその日使った金額を計算することで、「ちょっと使い過ぎているから、緊縮財政でいこう」とか、「先週は飲み代が多かったから今週は我慢しよう」といった調整もしやすい。

　便利な電子マネーの普及で、現金が動かない買い物が多くなった。自分がどれくらいのお金を使ったか把握するためにも、持ち歩ける家計簿でしっかり自分のお金を管理したいものである。

手帳の空きスペースを「家計簿」にすれば支出を管理できる

```
0月0日

　缶コーヒー　　120　☆
　昼食　　　　　500　☆
　雑誌　　　　　570
　タクシー代　　770　○
　　　　――――――――
　　　計　1,960
```

忘れやすい電子マネーでの支払いも書き出しておこう

※「☆」は電子マネーでの支払い、「○」は領収書ありなどマークを決めておくと便利

急な用事にもすぐ対応できる "ちょい便リスト"とは

　プリンターのインクカートリッジを買おうと家電量販店に行ったら、種類がたくさんありすぎて、どれが自分のプリンターに合うのかわからず結局買えなかった……というような経験をしたことはないだろうか。こんなとき便利なのが "ちょい便リスト" だ。

　ちょい便とは「ちょっと便利」という意味。**消耗品の型番や図書館のパスワード、ショッピングサイトのログインIDなどを手帳の巻末のリストに控えておく**のである。

　銀行のキャッシュカードやクレジットカードの暗証番号は、防犯の面から書かないほうがいいが、年に数回しか使わない番号やパスワードなどは控えておくと便利だ。

　さらに、この**ちょい便リストに載せておくと意外と重宝するのが、出張の際の「持ち物一覧」**だ。

　泊まりがけの出張となると、こまごまとした携行品が必要となる。うっかり忘れてしまうと、宿泊先からコンビニエンスストアに走ることにもなりかねない。だが、自宅を出る前に手帳に書いたちょい便リストと照らし合わせてカバンの中をチェックしておけば安心だ。

　ビジネスパーソンにとって、ちょい便リストは心強い味方になるのだ。

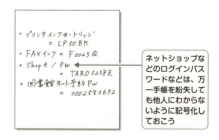

すき間の時間が有効に使える "ちょい便リスト"

ネットショップなどのログインパスワードなどは、万一手帳を紛失しても他人にわからないように記号化しておこう

手帳を良質の「接待ガイド」として利用する裏ワザ

　外での仕事が長引いて、上司や得意先の担当者と「軽く一杯」となったときには、誰でもちょっと気の利いた店に案内したいと思うものだろう。

　だが、いざとなるといい店が思い浮かばないこともある。そんなときのために、自分の手帳に「接待ガイド」のページをつくっておきたい。

　一度行った居酒屋や接待で使ったレストランの店名や場所、電話番号はもちろん、料理や酒の種類、店の雰囲気、店員の質などをどんどん書き込んでおくのだ。

　たとえば、「静かで落ち着いた雰囲気。店員も気配り上手」という店であれば、商談や会合にふさわしい。

　あるいは「店の雰囲気がよくて、カクテルが豊富」といった店なら、女性にも満足してもらえそうだと判断できる。

　また、待ち合わせや打ち合わせに使える静かなカフェなども加えておくと便利だ。

"マイ・ミシュランガイド"のページを作っておくと便利

実際に行った店の情報をストックしておけば、安心して人にもすすめられる

手帳に書くとモチベーションが上がる「10年計画表」

　誰にでも「将来はお金持ちになりたい」というような願望があるはずだが、その願望がただの"夢"で終わっている人も多い。そこで、**自分の「10年計画表」をいつも持ち歩いている手帳に書いてみよう。**

　まず、10年後の自分を具体的に思い描くことから始める。どんな仕事をして、いくら収入を得ているのかを想像して、次にそれを手に入れるためにはどうすればいいのかを考えるのだ。

　すると、何歳までに何の資格を取得し、どんなスキルを身につける必要があるかなどの気づきがあるはずである。

　そして、自分が今後やるべきことがイメージできたら、今度は1年単位で目標を設定し、さらに今年、そして今やるべきことを具体的なスケジュールに落とし込んでいくのだ。

　すると、**今まで漠然と抱いていた願望が明確な目標となり、最初の一歩が踏み出せる**ようになる。

　目標達成までに行き詰まったり、悩んだりしても、「10年計画表」を見れば「まだまだ自分にはやるべきことがある」と、さらなるファイトも湧いてくるにちがいない。

手帳力ドリル

質問①

ふせんを使って情報を整理するのはもはや常識。そこで次の色のうち、一番使いやすい色のふせんはどれ？

A 赤
B 黄色
C 緑

質問②

外出先で手帳を確認すると、どうやら次のアポイントの時間をすっかり勘違いしていたようだ。今からでは遅刻は確実。こんなときの最適な行動とは？

A すぐに訪問先に連絡を入れて、到着できる最短の時間を告げる
B すぐに訪問先に連絡を入れて、到着できそうな時間より少し遅めの時間を伝える
C 相手も忙しいかもしれないので、連絡はしない

質問①の答え…B
黄色のふせんは位置（いくつの文字が目立ちますし、手帳などに貼ってあっても目立ちません。また、黄色は注目を集めやすいカラーだとも言われています。

質問②の答え…B
もうこれ以上の遅刻はできないので、ブローのことを考えるとアポイント時間を伝えておけば、職業先にその時間までに到着できるだろう。あとは最善を尽くすから頑張るう。

STEP 3

「企画力」

必ず通る企画書の書き方の秘密

新しいビジネスチャンスを生み出す力を持った企画書とは？　相手の気持ちをわしづかみにして離さない企画書とは？……誰もが知りたい、必ず通る企画書の秘密を大公開！

企画書はタイトルと1行目で8割決まる

　企画書を受け取ったら、まずどこをどう見るだろうか。ほぼ間違いなく、**1枚目もしくは1行目のタイトルあたりに目がいくはずだ。**

　たとえば、「新ビジネスパーソン向けグッズの販促計画企画書」とか「ネットタイアップ展開についてのご提案」といったタイトルがついていたら、何の話題についてか理解できる。しかしこれでは味も素っ気もなく、読み手の心をつかむことはできない。

　では、読み手により強い興味を持ってもらうにはどうすればいいか。ここでは商品の宣伝戦略の手法を応用してみよう。商品の宣伝には、**イメージを伝えるキャッチコピー**がある。

　たとえば、ウォシュレットが登場したときのキャッチコピーは「おしりだって、洗ってほしい」だった。このような短い言葉から思い起こされるイメージが消費者の心にインパクトを与え、商品全体の印象を押し上げるのである。

　企画書もそれと同じで、読み手に何らかのインパクトを与え、「これはどういうことだ?」とか「面白そうだ」といった興味を引きつける言葉があったほうが、「食いつき」が俄然よくなるのだ。

　したがって、前述のタイトル例もキャッチコピーと絡めて、たとえば「首都圏の新ビジネスパーソン、4人に1人が持っている! ○○の全国販売ルートの構築」とか、「コストを半減して、売上げを200%伸ばす! ネットタイアップ企画のご提案」といったように、**「この企画で何がどう変わるのか」という点をアピールしたタイトルにすると、企画自体に躍動感が生まれてくる。**

　タイトルには企画の意図や主旨をより明確にし、内容に一貫性を持たせるという役割もあるのである。

グンとわかりやすい企画書になる「目理方結」の法則

たとえば、目の前に数十ページにわたる分厚い企画書が置かれたとしよう。あなたはそれを読みたいと思うだろうか。ほぼ間違いなく、面倒になるはずだ。**企画書は枚数が少ないほどいい。**

できれば、**A4用紙1枚程度に収まればベスト**だ。では、1枚に収めるためにはどのように文章を組み立てればいいのだろうか。

じつは、企画書にうってつけの書き方が存在する。それが**「目理方結」の法則**だ。これは「目的、理由、方法、結論」を合わせた造語である。**企画を立てた目的**と、それを**実行に移す理由**、そして、それを**どうやって行うかという方法**と、**最終的なまとめとしての結論**。企画書にはなくてはならないこの4つの項目を順を追って書いていけばいいのだ。

これがきちんとまとめられていれば、長々と文章を書き連ねる必要はない。それぞれの項目に従って要旨を簡潔にまとめ、文章もできるだけ短くする。もし書き足りないことがあったら、企画書を提出するときに口頭で補足すればいいのだ。

プレゼンの相手によってはこの順番を変えてもいい。ぜひ「目理方結」でA4用紙1枚の企画書に挑戦してみてほしい。

簡潔にまとまった企画書の書き方のポイント

- 目 ……「目的」（企画の目的、意図）
- 理 ……「理由」（なぜこの企画がいいのか）
- 方 ……「方法」（どのように実施するか）
- 結 ……「結論」（どのような効果が得られるか）

企画書には必ず「デメリット」を書いたほうがいい訳

　企画書をつくるとなると、どうしても通したいあまり「企画の長所」や「成功した場合のメリット」ばかりを強調しがちになる。

　しかし、それだけでは信頼は得られず、ゴーサインは出してもらえない。なぜなら、**ビジネス経験が長い人ほど、どんなにすばらしい企画にもデメリットもあるということを知っている**からだ。

　いざ、プレゼンでいいところばかり強調しても、「じゃあ、こういう場合はどうするんだ」とツッコまれ、「きれいごとを並べただけの穴だらけの企画」と評価されてしまうことになる。

　そうならないために、**企画書にはメリットと同時に最初からデメリットやネガティブな情報も盛り込みたい**。その両方がきちんと盛り込まれていてこそ企画として現実味を帯びてくるのである。

　メリットは「○○パーセントの売上アップが予想される」「少なくとも顧客の○割を取り込むことができる」というように具体的な数字を挙げて、どういった人から、どういった形での反応が予想できるかを過去のデータなどをもとに書いておく。

　反対にデメリットやリスクが考えられる場合でも、「この戦略が当たらない場合は、売上に○○な影響が出る」「○○層に対してはイメージダウンになる可能性もある」というように、**予想できる事柄をできるだけ具体的に盛り込むと同時に、その対応策についてもコメント**しておく。こうしておけば、分析力と客観性に優れた企画として評価されるはずだ。

　企画書に求められているのは、「空想の話」ではない。あくまでも利益を上げることを前提とした「現実の話」である。

相手の興味を一瞬で惹きつける企画書の「つかみ」

　日々、企画書づくりに明け暮れている人にとっては少々厳しいことをいうようだが、企画書には0点か100点の、どちらか一方しか存在しない。

　どうしたら相手を惹きつけることができるのか。相手に興味を持たせる方法として有効なのが、**インパクトのある切り出し方で迫るという方法**だ。

　たとえば、「トイレットペーパーはどうして白くなければいけないのですか？」と1行目に書かれていたら、「おや？」と興味を持つのではないだろうか。誰もが当然と考えていることを覆したり、不都合だけどそういうものだと諦めていた点を突いたりすると、「そういえば、そうだよな」と同意や共感を呼ぶのである。

　そのためには**「疑問型」の書き出しが便利**である。「〜と思っていませんか？」と相手の興味を十分に引きつけてから、「じつは××なのです」といった形で、自分の意見やアイデアを示すのである。

　つかみには、ほかにも秘密を打ち明けるかのような「**告白型**」、物語仕立てで始める「**ストーリー型**」、いきなりインパクトのある絵などを提示する「**視覚型**」などがある。

企画書の「つかみ」は相手を想定して書く

企画書をすっきり見せる色と図形のテクニックとは

　文字ばかりがぎっしり並んだ企画書は無味乾燥な感じがして、つい飛ばし読みされがちだ。そこで活用したいのが色や図形だ。

　強調したい部分に色文字を使ったり、**図形を用いたりして紙面に変化をつけた企画書は、それだけで視覚的に変化があってわかりやすい**。また、**自分自身の理解度を深めるためにも色や図形を多用することは有効**なのだ。

　絵や図形を盛り込んだ企画書をつくる自信がない、または時間がないというときは、まず文字だけの企画書をつくり、グラフや図形はタブレット端末に保存してプレゼンにのぞみたい。

　とくに取引相手と対面でプレゼンするような場合には、企画を説明しながらタブレット端末で図版を提示すれば、相手は思わずモニターを覗き込んでしまうに違いない。

　従来のやり方にとらわれず、さまざまな見せ方を工夫してみよう。

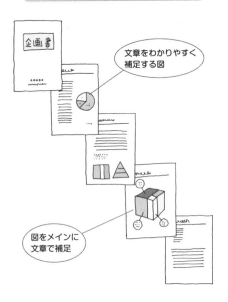

文字と数字を6：4くらいにするとすっきり見える！

文章をわかりやすく補足する図

図をメインに文章で補足

企画の説得力がアップする「スケッチ力」の身につけ方

　企画書は簡潔にまとめられているほうがいいとは繰り返し述べていることだが、話術に自信のない人にとっては簡潔な文章だけでは心もとない。そこで、企画書をつくるときに読み手が具体的なイメージをできるような工夫をしたい。

　たとえば、**スケッチを使ってひと目でわかるようにする。**

　美術の授業ではないのだから、細部にいたるまで詳細に描く必要はない。"違い"のポイントが相手に伝わる程度のレベルで十分だ。

　だが「絵心がないから……」と人に見せることに抵抗を感じる人もいるだろう。そんな人は、まずは自分のための覚書きとして手帳の隅などに簡単なマークを書くことからはじめてみよう。

　難しく考えずに、最初は星やハートなどのシンプルなマークを工夫して描いてみると、**徐々に文字と絵のバランスがつかめてきて、より効果的な見せ方がわかるようになってくる。**毎日続ければ必ず上達するし、仕事への集中力がなくなったときなどにサラサラと描いてみると気分転換にもなる。

　味のあるスケッチをプラスして企画書のレベルをアップさせてみよう。

絵があると違いは一目瞭然になる！

ワイヤーの先端を丸くし、紙のひっかかりを解消しました。

今回、商品化を進めたいクリップは、従来の改良型で、その特長は紙をはさむときのスムーズさにあります。ワイヤーの先が丸まっているため、紙のひっかかりがなく、どちらからでも留めやすくなっています。

通る企画書の見本は
マニュアル本には載っていない

　書店のビジネス書のコーナーをのぞいてみると、「企画書の書き方」といった書籍もかなりの数が揃っている。

　しかし、**企画書を提出する相手や状況などが違えば、マニュアルどおりにはいかない**ものだ。それよりも**お手本になる企画書の書き方は、もっと身近にある。ほかでもない先輩の企画書だ。**

　先輩たちはこれまで自分の書いた企画書によって上司や得意先などを説得してきたわけだから、当然、彼らの企画書の構成や内容は相手が受け入れやすい書き方であり、相手の求める形になっているはずだ。つまり、**今の自分の立場に適していて、最も役立つ"企画書のお手本"**なのである。

　ただ、そのまま真似てしまっては、オリジナリティに欠けてしまう。先輩の企画書はあくまでもひな形である。文章を真似るのではなく、構成や文章のテイストやトーン、ロジックの展開のしかたなどを吸収することが大事だ。

　また、ネットで検索すれば大企業の企画書やプレゼンの動画を見ることができる。

　これらを参考にして「採用される企画」とはどんなものかを研究し、実践していけば確実に企画書づくりの腕を磨くことができるだろう。

ビジネス文書は仕上げ前にプリントするのがコツ

　プレゼン用の資料や企画書など、できるだけ質の高い内容にしたいと悪戦苦闘していると、すでに提出日が目の前に迫っていた！　なんていうこともあるだろう。

　注意したいのは、完成した文書を大急ぎでプリントアウトしてそのまま提出してしまわないことだ。ビジネス文書は、提出前に必ず一度はチェックしなければ大恥をかくことになりかねない。

　では、チェックの第1ステップとは何だろうか。それはプリントアウトである。じつは**プリントアウトして目を通したほうが文書の精度を上げることができる**のだ。

　ディスプレイ上の文書は書き手の目線で見てしまうため、見落としが多い。一方、プリントアウトをすると細かい部分にまで目が行き届く。ディスプレイと紙面という媒体の違いが、自分の目線を変えてくれるのだ。**プリントアウトをした原稿を前にするとまるで校正者のように、文書を客観的に眺められるようにもなる。**

　ところで、このプリントアウトは少なくとも2回は行いたい。**1回目は、誤字・脱字といった文字に注目**する。パソコンでは「完成」が「感性」になったり、「確率」が「確立」になっていたりと変換ミスが起こりやすいので、1度目でこうしたミスを探すのだ。

　そして、**2回目は文章の内容に集中**する。事実関係や数字に誤りがないか確認するほか、文章の構成などをチェックするのだ。

　パソコンでの修正に取りかかるのは、こうしたチェックが終わってからだ。ビジネス文書の仕上がりは、あなたの信用にもかかわってくる。**あらかじめ、チェックにかかる時間を見込んだスケジュールを立てておくといい**だろう。

企画力ドリル

質問①

優れた企画書ほど「5W2H」がわかりやすく書かれているものだ。さて、この5W2Hとは何を指すのかすべて答えられるだろうか。

質問②

プレゼンテーションや講演で、最初のひと言で相手の関心をひきつけるのを「つかみ」というが、方法にはどんなものがあるだろうか。

質問①の答え
WHY（なぜ？）、WHAT（何を？）、WHERE（どこで？）、WHEN（いつ？）、WHO（誰が？）、HOW（どうやって？）、HOW MUCH（いくらで？）

質問②の答え
質問を投げる…ストーリー調、具体例調、質問調、意表なエピソードのように話しはじめる「ストーリー調」、自分の経験を打ち明けるように話す「告白調」、一言、本題とは少し離れたような質問から入るように話す「質問調」、モノ/写真を見せて説明しながら話しはじめる「視覚調」などがある。

STEP 4

「文章力」

「伝わる」「読ませる」いい文章の黄金法則

「自分は文才がなくて……」というセリフはもう必要ない。「相手に伝わる、読ませる文章」や「相手を引きつける文章」の書き方には、ある"黄金法則"が存在するのだ。

わかりやすい文章は「起承転結」より「起結承転」

　小学校の作文では「起承転結で書きましょう」と習ったかもしれないが、文章構成の基本である起承転結は、どんな文章にも必ずしも効果的であるとはいえないのである。

　ビジネスの現場で起承転結を使うと逆効果になることが多い。なぜなら、ビジネスで最も重視される結論が最後になるからだ。

　そこで**起承転結ではなく「起結承転」を活用したい**。たとえば、残業時間の削減についてなら、まず**「起」**で「社員の平均残業時間が〇〇時間である」「仕事の効率を妨げているものは何か」などの**「問題提起」**をし、そのあとすぐ「残業時間削減のために、無駄な会議をやめる」といった**「結」**の**「解決策」**を書いてしまう。

　その次の**「承」**にあたる部分で「有名無実化した定例会議が多すぎて仕事の妨げになっている」などの**「理由」**を述べ、最後に**「転」**として「定例会議をやめることで生じる問題点」などの**「課題点」**を指摘すると、この文章で最も訴えたいポイントは何かが早めにわかり、全体の内容もすんなりと理解できるようになる。

　仕事をするときは、状況や内容に応じて「起結承転」のテクニックを柔軟に取り入れてみてほしい。

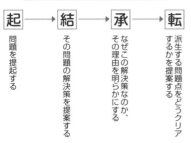

起結承転で書かれた文章は理解しやすい

起（問題を提起する）→ 結（その問題の解決策を提案する）→ 承（なぜこの解決策なのか、その理由を明らかにする）→ 転（派生する問題点をどうクリアするかを提案する）

「主語と述語」は近いほど読みやすい

「私は、姉がプレゼントには何が欲しいかと聞いたので、子ども用の優しい素材でつくられた服が欲しいと答えた」

この例文が**なぜわかりづらいのかといえば、「主語と述語」「修飾語と修飾される言葉」が離れすぎているため**である。

「私は」と「答えた」、「姉が」と「聞いた」の位置を縮め、「プレゼントには何が欲しいかと姉が聞いた。子ども用の優しい素材でつくられた服が欲しいと私は答えた」とすれば、すっきりとする。

また、例文では、「子ども用の」という修飾語が「素材」にかかるのか、「服」にかかるのか判然としない。

「素材」にかかるなら「子ども用の優しい素材によってつくられた服」となり、子ども用の素材でつくられた大人の服とも受け取れる。一方、「服」にかかるなら「子ども用の」と「服」の距離を縮めて、「優しい素材でつくられた子ども用の服」とすれば、欲しいのは子ども服だとはっきりわかる。

何気なく多用してしまいがちな修飾語だが、位置によっては意味まで大きく違ってくる。誤解を招いてトラブルにつながることもあるから要注意だ。

文章を読みにくくさせる「2つの表現」

相手にきちんと情報を伝えるためには、文章を書くときに「出席できません」という否定文や、「〜と考えられます」といった受身の表現は**できるだけ避けたほうがいい。**

たとえば、「出席できません」と否定形で書くと、そそっかしい人は「出席」の2文字だけを見て出席だと思い込んでしまうかもしれない。この場合は「欠席します」と、同じ意味の肯定文にすれば誤解も生じにくい。どうしても肯定文にできないときには「残念ながら」など、あとに否定形が続くことを連想させる言葉を文頭に置いて否定の意味であることを知らせよう。

さらに誤解を与えやすい表現が、「できないこともない」といった二重否定だ。これも「できる」と肯定文にするだけで、シンプルでわかりやすい文章になる。

また受身の表現も、動作の主体が曖昧になるため、相手にとってはわかりにくい。たとえば、「今後、この分野は注目されると予想されます」という文章は、「今後、この分野は注目を集めると予想します」と書いたほうが、わかりやすい。

意識してこれらの表現をなくすようにすれば、ぐっとわかりやすく説得力のある文章になるはずだ。

文章化したときに勘ちがいされやすい表現

「出席できません」——→「欠席します」

「実施されません」——→「中止になります」

「喫煙できません」——→「禁煙です」

など

曖昧表現は徹底的に なくしてしまう

　ビジネス文書はわかりやすく書くことが基本である。とはいえ、スッと頭に入ってくるものと、意味がつかみにくい文章がある。

　文意をわかりにくくさせている原因の1つに、語尾の曖昧さがあげられる。

　曖昧な語尾はいいたいことの半分も伝わらず、読み手を混乱させてしまうだけだ。

　なかでも「〜のようである」「〜することができる」「〜とするものである」といった終わり方はできるだけ避け、「〜である」「〜できる」「〜とする」と断定的な表現を用いたい。

　もちろん、断言できない場合もある。そういうときは「〜と考えられる」ではなく、「私は〜と考える」とすれば、書き手の意図がしっかりと伝わるはずだ。

　また、**難しい言い回しや専門用語、カタカナ言葉、抽象的な表現が多用されていると、理解するのに時間がかかる。**できるだけシンプルな表現を使いたい。

　もしも、耳慣れない言葉をキーワードとして使いたいなら補足的な説明をつけておけばいいだろう。

　そして、前述したように主語と述語はなるべく近づける。「Aは〜という理由でBだ」よりも「〜という理由で、AはBだ」のほうがわかりやすい。

　さらに、**見出しと内容が食い違っていないかをチェックするのも大切**だ。

　曖昧な表現をできるだけなくしていけば、こちらの意図は相手に確実に理解されるはずだ。

いい文章を書くためには
いい文章を"写文"する

"いい文章"を書こうと思ったら、何はともあれ「いい文章とは何なのか」を知っておく必要がある。

文章を書くうえで最も重要なのは、やはり「きちんと伝えられているかどうか」に尽きる。そこで、**「これは簡潔で、しかもわかりやすい」**という文章に出会ったら、**一言一句そのまま書き写してみよう**。読んで理解しやすい文章というのは接続詞や句読点の打ち方も適切で、細かく意図されている。だから、**ただ写すのではなく一言一句丁寧に写文**しなくては意味がないのだ。

そうして文章表現のコツをつかんだら、今度はオリジナルの文章を書いてみたい。その際には、**書き出す前にどんな人に向けて書く文章なのかをしっかりと意識しておく**といい。

たとえば社内の人に読んでもらう文章であれば、業界だけで通用する用語を使ったほうが簡潔にまとまることもあるが、社外向けであれば専門用語を丁寧に説明する必要がある。

また、中高生向けなのに難解な漢字や例えが古かったりしても伝わらない原因になる。

自分の上司や子どもなど、**身近な人に読んでもらうことを想定して書くと、どのような言葉を選べばいいのかがわかる**はずだ。

長めの文章を1/8に「要約する力」をつける

書く力をつけるためには、たくさんの文章を読むといいといわれる。一番いいのは子どものころから読書の習慣をつけておくことで、年齢にふさわしい量と質の本を成長に合わせて読み続けることで書く力も自然と身についていくのだという。

となると、子どものころから本を読んでいないと手遅れなのかと気落ちしてしまいそうだがそうではない。大人になってからでも書く力をつける方法はある。それが、読んだ文章を要約するというトレーニングだ。新聞、雑誌、インターネット上にある面白いと思った記事を短く要約してまとめてみるのである。

なかでも、この要約トレーニングにおすすめなのは新聞1面のコラムだ。この800字程度の文章にはタイトルもなければ見出しもない。そこで、**まずはコラムを100文字程度の文章に要約する練習をしてみる**のだ。

さらに、**慣れてきたら10文字以内のタイトルや見出しをつけて、何について書かれている文なのかひと目でわかるようにする。**

これを続けるだけで、いつの間にか書く力が高まってくる。ぜひ今日から**"書く要約トレーニング"**を始めてみてほしい。

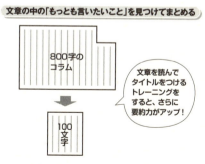

文章の中の「もっとも言いたいこと」を見つけてまとめる

800字のコラム → 100文字

文章を読んでタイトルをつけるトレーニングをすると、さらに要約力がアップ！

時間をおいて見直すだけで納得がいく文章が書ける

　日記など自分しか読まないような文章は別にして、たいていの文章は人に読んでもらうことを前提にして書く。字が間違っていたり下手な文章だったりすれば、それはそれで恥ずかしいものだが、できれば納得がいく文章を書いて相手に読んでもらいたい。

　では、どうすればいいのか。答えは、**納得がいくまで読み返して推敲すること**に尽きる。

　高名な小説家でも「一気に書きあげて、はい終わり」という人はまずいない。何度も手直しをして、読者を物語に引き込む素晴らしい文章を書き上げているのである。

　読み返してみると、誤字脱字はもちろんのこと、書いたときには気づかなかったムダな文言があることに気がつく。

　反対に、説明が足りない部分も見えてくる。それを繰り返しチェックし、削ったりつけ足したりして納得のいく文章にしていくのだ。

　場合によっては、声に出して読み上げてみることも効果的だ。声に出すことで文章の流れやリズムの悪い箇所、おかしな日本語の使い方に気づくからである。

　最後に最も大切なのが、**最終チェックをするのはできるだけ時間を空けてからする**ことだ。

　熱中して書いた文章ほど、書いた直後には悪い箇所が見えないものだ。ひと晩おいてみたり、時間がない人はコーヒーを飲んでひと息ついたり、ちょっと外の空気を吸いに出るだけでもいい。**"間"をおいてみることで興奮していた頭が冷静になり、客観的に文章を読み返すことができるようになる**のだ。

長い文章もすらすら書ける「コンテ・メモ」とは

　長い文章を書くのが苦手な人は、文章の構成を考えることが苦手な場合が多い。もともと構成がしっかりしていないから、書いているうちに話が本論から逸れてしまったり、途中で何がいいたいのか自分でもわからなくなってしまうのである。

　そこで活用したいのが、「コンテ」の概念だ。コンテとは、映画やアニメ、CMといった映像作品を作るときに使われる4コマ漫画のようなもので、シーンをコマ割りにして全体の筋書きや流れがわかるようにしたものだ。

　たとえば文章の中に3つの要素を入れたいなら5つのコマをつくり、まず1つ目のコマに「序文」、2つ目から4つ目までに3つの要素、5つ目に「締め」と書く。こうすると文章の骨組みが出来上がる。さらに、**各コマに自分が書きたいと思っている内容を箇条書で書き出していく。**

　これをもとに文章を書き進めていけば、話の筋がズレたり、途中で何がいいたいのかわからなくなるという欠点を克服できる。

　コンテもなしに長い文章を書くのは、地図のない長旅をするようなもの。コンテという水先案内があれば途中で道に迷ったりすることなく、無事に目的地に辿り着けるだろう。

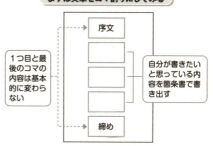

まずは文章をコマ割りにしてみる

読んでもらえる文章には最初に"予告"が入っている

　事実を説明する文章を上手に書くのは難しい。状況を丁寧に説明しようとすればするほど「〜がありました」とか「〜でした」などの語尾が続き、どうしても文章が単調になる。

　そこで報告書などを書く場合には、最初の一文に"予告"を入れるようにするといい。

　たとえば、「思いがけず感動のイベントとなった〇月〇日の新春キャンペーンについてご報告いたします」とか「これは、〇月〇日に実際にあったお客さまとのやり取りを記録したものです。長文になりますが最後までお付き合いください」などの一文から始まっていれば、読んでみようという気持ちを起こさせることができるのだ。

　映画でも予告編でインパクトのあるシーンを観て興味を持つから本編を観ようという気になるのであって、予告がなければ知識も興味もない人をわざわざ映画館に足を運ばせるのは難しい。

　同じように、**文章の場合もどれほど面白い内容かがわかる一文があれば敷居はグッと低くなる**。どんなに長文であっても、とっかかりをつくれば読ませることができるのだ。

最初の"予告"で読みたい気持ちにさせる

思いがけず感動のイベントとなった〇月〇日のイベントについてご報告いたします。

報告書

思わず読む気にさせる社内文書の「ひと言」

「お知らせ」や「アンケート」など、社内を回覧させる文書やメールの閲覧率をグッとアップさせるいい方法がある。冒頭に、「読むメリット」を感じさせる"ひと言"を付け加えておくのだ。

仕事が忙しい社員にとって、社内で閲覧するお知らせなどはよほどの重要事項でない限り、読むのを後回しにしてしまうものだ。場合によっては、読まずに次に回してしまうこともある。しかし、**文頭に「読むと何らかのメリットがある」と感じさせるひと言があると、思わず読み始めてしまう**のではないだろうか。

たとえば、「社内アンケートのお願い」として社員から経営に対する意見を寄せてほしいと協力を求めても、「どうせ自分の意見が反映されるわけがない」とチラッと見ただけで机の隅に追いやってしまう社員がいるかもしれない。

ところが「あなたの意見で経営を改善し、給与アップを実現しましょう！」と書かれていたら、俄然協力する気持ちにもなる。

給料が上がるとまではいかなくても、「この文書を読めば、会社や部署から何らかの見返りがある」と社員に思わせるような具体的なメリットを掲げることが大切だ。

また、逆に読まなければ損をする**「読まないデメリット」を強調して閲覧率を上げるのも手である。**

「お願い」にはメリットを感じさせるひと言を！

あなたの意見で会社をもっとより良く！
社内アンケートのお願い

わが社の飛躍に貢献しよう！
○周年パーティ実行委員募集のご案内

読まないあなたはソンをする?!
「社長をうならせたら50万円」大賞のお知らせ

文章力ドリル

質問①

普段の会話でよく使われる言い回しには、間違った意味で使われているものも少なくない。では、次の2つの文章で使い方が間違っているのは？

A 気のおけない仲間とリラックスした時間を過ごす
B 気のおけない人ばかりでリラックスできない

質問②

同じく、次の2つの文章で使い方が間違っているのは？

A 休憩する間も惜しまず資料を仕上げた
B 休憩する間も惜しんで資料を仕上げた

質問①の答え…B
「気のおけない」とは、気をつかう必要がない意味。

質問②の答え…A
「惜します」とは「休憩する時間を惜しんでいない」ということになり、文意としておかしくなってしまう。

STEP 5

「手紙・メール力」

人間関係がうまく回りだす魔法のルール

手紙やメールの文面ひとつで、相手から好感を持たれたり、逆によくない印象を与えてしまうことがある。身近なツールだからこそ、書き方のポイントは確実に押さえておきたい。

どうしても伝えたい情報を相手の心に刷り込む「繰り返し技」

「これだけはしっかりと伝えておきたい」ということは、文章中にそのことを二度書くと相手に印象が強く残って効果的だ。しかし、同じ言葉を繰り返し使うと「くどい文章」になってしまう。そこで**「表現を変えて二度書く」テクニックをマスターしたい。**

たとえば、打ち合わせの日程を相手に間違えてほしくない場合、まず文章の最初のほうで「次の打ち合わせは6月15日の10時でお願いします」と書き、再び最後にも「では、来週水曜日の10時にお待ちしております」と表現を変えて書くのである。

くどくしないためのコツは、位置をできるだけ離して書くことだ。短い文章の場合は位置の近さを感じさせないよう必ず表現をガラリと変えて書こう。

また、**報告書や企画書など結論を強く訴えたいときも、最初と最後に結論を二度書くべきである。**

最初に「私の意見はこうです」と結論を示しておくと、相手はそれをふまえて文章の続きを読むことができる。

そのうえで、再び最後に、「最初に述べたとおり、私はこう考えます」と念を押すと、**伝えたい内容を自然と相手に刷り込むことができる**のだ。

2度繰り返すときは表現を変えるとくどくない

- 日時は○月○日×時です。
  → では、○月○日×時にお待ちしております。
- 私はこう考えます。
  → 先に述べた意見をご考慮いただけましたら幸いです。
- ○○氏より〜というご意見をいただきました。
  → 上記のご意見を反映した解決策をお願いします。

など

漢字は文章全体の 3割くらいにおさえる

　ケータイやスマホでメール文を打ち込むときに便利なのが「変換予測」機能だ。よく使っている言葉なら1文字入力すれば候補の文字が表れるので、短時間で文字を変換することができる。

　ただ、この機能のおかげでメールでは「有難う御座います」、「先ずは」、「若しくは」など、ふだん手書きでは書かないような漢字を使ってしまいがちだ。

　このような漢字が多用されたメールは、送り主は何とも思っていなくてもメールをもらったほうとしては何となく抵抗を感じてしまう。**あまりにも漢字が多い文面はまず見ただけで威圧感があるし、あまり親しみを感じられない**からだ。

　一方、印象がいいメールというのは比較的漢字が少なく、固有名詞を除いては小学校で習う程度の漢字が使われていることが多い。**どれだけ丁寧な文面でも、堅い言葉がやさしく書かれているだけで親しみやすい印象になる**ものだ。

　そこで、**メールを打つときは漢字を文章全体の3割くらいにおさえるように意識したい。**

　無造作に変換せず、その言葉を漢字にする必要があるのかじっくりと考えればバランスのいい文面になるはずだ。

漢字が多すぎると相手に威圧感を与える

早速、御連絡頂き、有難う御座いました。では当日は○○駅改札でお待ち致しております。宜しく御願い致します。

さっそくご連絡いただき、ありがとうございました。では当日は○○駅改札でお待ちいたしております。よろしくお願いいたします。

メールでは「黒か白か」はっきりさせることが重要

「メールでのやりとりは、何度も返信をしなくてはならないから面倒だ」と思っている人は、一度自分のメールを見直してほしい。

たとえば、「Aプランで仕事を進めていいですか？」というメールがきたとする。それに対して「Aプランでもいいですが、Bプランも捨てがたいです。いかがでしょうか？」などと、相手の質問に対して質問で返すような返信をしていないだろうか。

このように返信するとさらに相手からの返答を待たなくてはならず、その文章にまた質問が含まれていればこちらもまた返答する必要が生じる。これでは堂々巡りになってしまう。

この問題を改善するには、**「相手の質問には質問で返さず、YESかNOで返事をする」**ことだ。まず返信を書く前にしっかりと相手のメールに目を通し、相手の質問の意図を考えてから返信を書く。

冒頭の例でみると、相手はおそらくAプランで仕事を進めたいのだと推測できるから、「AでOKです」とYESの返事をするか、「Aではなく、Bでお願いします」とNOの返事をするかでいい。

やりとりは1、2度で済み、誤解が生じにくくなる。メールの内容を簡潔にするだけで、仕事の効率は格段に上がるのである。

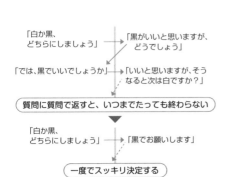

否定的な態度の相手に効く「YES・BUT方式」

相手を説得する文章を書くときは、ある程度、相手の考え方を予測してから文章を書き始めるといい。

相手が自分の意見に好意的なのか否定的なのか、相手の考え方に合わせて文章のトーンを変えると説得しやすくなるからだ。

たとえば、相手が自分の意見を前向きに受け止めていると予測したら、ストレートに「私はこう考えます」と本音をぶつけて説得にあたる文章を書く。

一方、相手が否定的な態度を見せているときには、**まずは相手の考え方も一理あると受け止める「YES」の姿勢をみせることだ。**「たしかに○○さんのおっしゃるとおりで、じつは私も最初はそう考えていました」というようにひと言おいて、そのうえで「こちらにもこういうメリットがあります。一度、検討していただけないでしょうか」と、**「BUT」で相手に発想の転換を促す**のである。

真っ向から意見を否定されれば、どんなにメリットがある話でも人は素直に聞く気になれない。

だが、きちんと受け止めてくれる相手なら完全に心を閉ざすことはないのだ。

それ、こちら、話す…そのあいまいな表現がトラブルを招く

　たとえば「方法としては比較的簡単なＡと多少手間がかかるものの効果的なＢがありますが、それによって得られる効果は……」と書いてあると、「それ」はＡかＢか、それともＡとＢの両方なのか判断がつかない。

　文章の体裁を整えようとして「それによって」などの言葉をむやみに使うと、読む人をますます混乱させる結果になるのだ。

　また、「こちらを選択したことによってこういう結果になってしまった」などの「こちら」「こういう」などの言葉も、よほど注意しなければ読んだ人によって受け取り方が違うことになりかねない。**広い意味をもつ言葉を安易に文章に使うのはトラブルの元**だ。

　同様に、「話す」のような多義的な意味を持つ動詞も、具体的な言葉に置き換えよう。「彼は話せる人だ」では、外国語を話せる人とも、話がわかる人とも受け取れる。「上司に話しておきます」も、「報告」するのか「相談」するのか相手には伝わらない。

　相手が前後の文脈から判断してくれるだろうと過信していると、大きなトラブルにつながる可能性もある。

　広い意味を持つ言葉はできるだけ使わず、具体的な言葉に置き換えることが大切である。

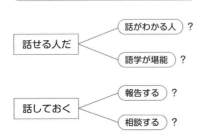

さまざまな意味にとれる言葉は具体的に表現する

話せる人だ → 話がわかる人？ / 語学が堪能？

話しておく → 報告する？ / 相談する？

印象に残るメールは「タイトル」が違う

　メールを送る場合、タイトルはできるだけきちんと書こう。なぜならタイトルは重要なアピールポイントになるからだ。

　多くの人はメールを受け取ったとき、まず発信者とタイトルを見る。この2つの情報から、そのメールがどんな内容かを予測する。そこで**タイトルのつけ方を工夫して「これは重要なメールだ」と思わせる**ことができれば、相手もそのつもりで読んでくれるから、レスポンスも格段に早くなるのだ。

　タイトルは「〇〇の件」といった書き方でもいいが、「明日の〇〇の待ち合わせ場所について」とか「〇〇のスケジュールのことで」など、**なるべくピンポイントな情報をタイトルに書き込む**といい。そのほうが、相手がしばらく時間をおいて見返す場合にも、タイトルを見ただけでメールの内容がわかるのでより親切である。

　また、急いで相手に伝えたいことがある場合には「緊急！」や「すぐにメールを見てください」というように、急を要する用事であることをタイトルでアピールしたい。タイトルが平凡だと「今は忙しいから返信は後にしよう」と、その場で本文が開かれない場合もある。

　しかしタイトルに緊急性を示す言葉が含まれていれば、すぐに読んでもらえるはずだ。

必ず読んでもらいたいメールは「タイトル」を工夫する

●急ぎの用件を送るとき
　【至急！】〇〇の件、ご確認ください

●重要な用件を送るとき
　■重要■ 〇〇イベント企画決定案

●必ず返信してもらいたいとき
　〇〇の件について（※ご返答をお願いします）

好感度の高いメールは「締めのひと言」が違う

　ビジネスメールで重要なことは、わかりやすく的確な文章を書くことだ。つまり簡潔に「要点だけをまとめる」ことが大切だ。

　そこで、適切な文章の長さとして参考にしたいのが、**「一文を50字以上つなげない」**ことだ。

　新聞なども50字以下でまとめられていることが多い。50字を超えるような文になってしまった場合は、読み直しが必要だ。どこかで一度区切るか不要な言葉がないか確認してほしい。

　また、メールの場合は、受信者が使っているパソコン画面の大きさに合わせて1行の文字数が決まってしまうから、改行をしない限りダラダラと横に文章が続いてしまう。視覚的にも読みにくいので、**「こまめに改行する」**などの工夫をするといいだろう。

　メールの内容が**「報告」「連絡」「相談」、いわゆるホウレンソウのどれに当たるかという区別も念頭において書く**と、相手にとってグンと理解しやすい文章になる。

　要点だけでは味も素っ気もないのではと心配する必要はない。大切なのは、あくまでも要件を簡潔に伝えること。

　礼儀にこだわってダラダラと長文になり、伝えたい点がぼやけてしまっては本末転倒だ。もし、ビジネスライクすぎて心配だという場合は、**「自分らしいひと言」を付け加える**だけでも、一気に親しみの増すメールに変えることができる。

　「このプロジェクトが終わったら、パッと打ち上げをしたいですね」「今回のイベントのアイデアは○○という映画をヒントにしたので、興味があれば観てください」など、自分らしいひと言で好感度もアップするはずである。

「メールで済む用事をあえて手紙で書く」と誠意が伝わる

　昨今では、手紙はめったに出さないという人が増えている。お礼でも何でもメールで済ませる人が多い。

　しかし、そんな時代だからこそ、「ここぞ」というときには、あえてペンを握り、心をこめて手紙を書いてほしい。

　何といっても肉筆で書かれた文字には書いた人の気持ちがこもっている。当然、受け取ったほうのうれしさも増すだろう。とくに御礼やお詫びなどの場合は、便せんやハガキを使いたい。また、お見舞いなどもやはり、メールよりも一筆したためたいものだ。

　同じ感謝の言葉や文面でも、パソコンや携帯電話の見慣れた画面で見るより、その人が書いた文字のほうがずっと気持ちが伝わってくるものだ。

　手紙には、手で丁寧に書いて、切手を貼って、ポストに投函して……という"わざわざ感"があり、それが相手の胸を打つのである。

「誠意を伝えたい」「ちゃんと謝りたい」「心からお礼をいいたい」というとき、あえて机に向かいペンを持ち、その気持ちに素直になって手を動かしてみてほしい。

メッセージを伝えるときは媒体にもこだわる

御礼やおわびの気持ちは手紙やハガキで伝える

連絡やお知らせはメールで

手紙・メール力ドリル

質問

上司に企画書をメールで送るとき、返事が欲しいことを伝えたいのだが、メールの結びの文として適当なのはどっち？

A

お送りした企画書ですが、
お時間のあるときで結構ですので、
お返事いただけると幸いです。
お忙しい中恐縮ではございますが、
よろしくお願いいたします。

B

お送りした企画書ですが、
お返事は来週の火曜朝までにいただけると幸いです。
お忙しい中恐縮ではございますが、
よろしくお願いいたします。

答え…B

たとえ上司でも仕事に期限をもうけることが大事。そうしないと、返事相手に対して「すぐに返事を待ち続けている」とプレッシャーを与えてしまうことにもなりかねない。

STEP 6

「文具力」
仕事の効率が上がるちょっとした工夫

ペンやふせん、ノート…文具をどう使ってどう収納するか。ちょっとの工夫で仕事ははかどり、集中力もアップする。今日から使える「実践文具術」を紹介しよう。

ドット入り、ルーズリーフワイド…目的に合ったノートの選び方

"東大式ノート"とも呼ばれる**「ドット入りノート」**が以前大ヒットしたが、そもそもこのドット入りノートは、シンプルなノートを東大生がそれぞれひと工夫して使っていたものだ。そう考えると、ノートや文房具は"こう使うべきだ"という枠にとらわれずに、**自分の使いやすいように自由にカスタマイズ**して使えばいいのである。

たとえば、2つ折りになっているA4版のルーズリーフを開くと2倍の大きさのA3版のサイズになる。

資料を貼り付けたりデザイン画を書いたりとワイドに活用できるし、A4ノートでは2〜3ページにわたってしまう内容も1ページにまとめられる。

自分の目的や用途に合った文具を選び、さらにその使い方にひと工夫できれば仕事の効率は格段にアップする。

情報が整理しやすい"個性的なノート"の使い方

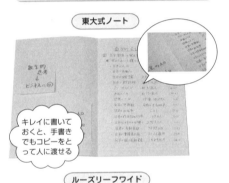

東大式ノート
キレイに書いておくと、手書きでもコピーをとって人に渡せる

ルーズリーフワイド
本からコピーした資料などを貼って、要点をまとめたり情報を補足するのに便利

仕事の効率が上がる カスタマイズボールペン

最近では、3色や4色のボールペンを使ってメモの内容を書き分けたり、ボールペンをそのままPDA（携帯情報端末）の入力用に使っている人も増えている。

ようするに、**4色ボールペンのうちの1色の芯をPDAや携帯ゲーム機の入力用のペン軸に取り換えている**のだ。

また、仕事の効率を高めるアイデアグッズとして、**ペンに取り付けるタイプの「紙めくり」**も登場している。

大量の書類や本をめくるときに、ゴム製の指サックをつけると気になってしまいかえって仕事の効率が下がるという人もいる。

そこで、ペンに取り付けるタイプの紙めくりを利用すれば、気になる箇所に線を引きながらスムーズに本のページをめくることができるのだ。

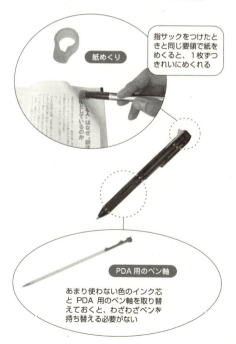

ペンをカスタマイズして多機能ペンを作る

紙めくり

指サックをつけたときと同じ要領で紙をめくると、1枚ずつきれいにめくれる

PDA用のペン軸

あまり使わない色のインク芯とPDA用のペン軸を取り替えておくと、わざわざペンを持ち替える必要がない

「ペン立てには同じ文具を入れない」のが文具を失くさない秘訣

何度整理をしても、気がつくと机の上のペン立てに同じ色のボールペンや蛍光ペンが何本も入っている……ということはないだろうか。これではすぐにペン立てがいっぱいになってしまう。それに使ったモノを元あった場所に戻していない証拠でもある。

本来ならペンケースに入っていたり、外出用のカバンに入っているはずのボールペンが机の上でペン立てに入っているということは、ペンケースやカバンに筆記用具が入っていないという可能性が高い。

ペン1本がなかったがために、大切な情報を書きもらしてしまうことになったとしたら、それこそ泣くに泣けないというものだ。

そこで、**「ペン立てには同じモノをダブらせないようにする」というルールを徹底**したい。そうすれば、身の回りに余分なモノが散乱していないか、違う場所にいっていないかがすぐにわかる。

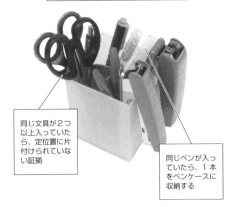

ペン立てには文具をダブらせない

ペン立てのルール
①同じ色、種類のペンを入れない
②同じ文具を入れない

同じ文具が2つ以上入っていたら、定位置に片付けられていない証拠

同じペンが入っていたら、1本をペンケースに収納する

モノがダブっているということは、どこかで不足しているかも…!?

「マイお道具箱」を使えば ムダな動きがなくなる

　打ち合わせが重なる日は、オフィスの中で忙しく移動を繰り返すことになる。こうなると、複数の打ち合わせをこなすうちに「ペンを置いてきてしまった」「違うファイルを持ってきてしまった」など、うっかりミスをしてしまうこともある。

　そこで、**最初からよく使う道具や小物、ノートなどはひとまとめにして「道具箱」や「小物バッグ」に入れて持ち歩く**ようにしよう。

　こうすれば、移動した先でも忘れ物がなくなり、仕事を中断してモノ探しをするというムダもなくなる。

　さらに箱やバッグにミニノートや携帯端末まで入れておけば、終日自分の席に戻らなくても仕事をすることができる。

　持ち歩きできるものは何でも携帯しておくと、オフィス全体が仕事場になるのだ。

「道具箱」に入れておくと便利なもの

- 付せん
- ノート
- ペン・鉛筆
- 消しゴム・修正ペン
- ホチキス・クリップ
- 電卓
- 電子辞書
- 定規

常に道具箱をセットしておき、必要な書類を入れてオフィス内を持ち歩くと、いつでもどこでも仕事ができる

机の上と頭の中が瞬時に整理されるマウスパッド

　机の上にモノが多くて作業ができないと悩んでいるような人には、たとえば、**メモパッドと一体になっているマウスパッド**をおすすめしたい。

　マウスパッドはパソコンで作業をしているときには何度も目がいく場所でもある。**忘れてしまいがちな情報をメモしておくのに最適**なモノなのだ。

　それに、メモを置く位置もこのマウスパッドなら「キーボードの手前」に自然と固定されることになるので、「モノの定位置を決めておく」という整理術の基本を確実に実践することができる。

　パソコンやスマートフォンなど1台で何役もこなせるデジタルツール全盛の時代だからこそ、メモ付きマウスパッドのようなクロスユースができるモノを使いこなして、机の上も頭の中もすっきりと整理したい。

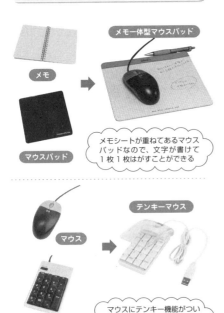

デスクスペースを有効利用できる多機能グッズ

メモ → メモ一体型マウスパッド

マウスパッド

メモシートが重ねてあるマウスパッドなので、文字が書けて1枚1枚はがすことができる

マウス → テンキーマウス

テンキー

マウスにテンキー機能がついているので、ノートパソコンの周辺機器を1つ減らせる

パソコンまわりがスッキリ片づくデッドスペース活用法

　机の上がパソコンのディスプレイとキーボードに占領されてしまい、作業スペースが確保できないという人も多いだろう。

　そこで、**キーボードの上に市販の透明な作業台をかぶせて立体的にデスクスペースを増やしてみよう**。キーボードにはその台の中に手を差し込んだ状態でタッチすればいい。

　これならキーボードのホコリよけにもなるし、タイピングする際の資料置場にもなる。ペンやメモ、手帳など机の上に散らばってしまう文房具や小物を置くスペースとしても利用できる。

　さらに、もう1つ**見逃せないのがパソコンのディスプレイとキーボードの間にできるスペース**だ。

　この場所には、横置きタイプのペントレーを置いてペンやクリップなどの小物を入れておけば、使うときにも片付けるときにも手間がかからないのだ。

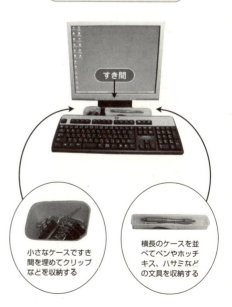

あらゆるすき間を整理スペースとして活用する

パソコンまわりを上から見ると…

すき間

小さなケースですき間を埋めてクリップなどを収納する

横長のケースを並べてペンやホッチキス、ハサミなどの文具を収納する

パソコンを「メッセージボード」として活用する裏ワザ

　会社でもっとも目にする時間が長いものは、やはりパソコンのディスプレイだろう。仕事をしている人の6割以上が「1日に5時間以上パソコンを使用している」というデータもあるほどだ。

　そこで、アイデアや忘れたくない事柄はすべて付せん紙に書き留めてディスプレイの周囲に貼っておくといい。**整理する前の情報を一時的に保存しておく場所にしてしまう**のである。

　たとえば未処理の情報はディスプレイの右側に貼り、処理できたものから左側に移動させるというマイルールをつくる。

　そして使える情報だけをデータ化して保存して整理すればいいのだ。

　また、頻繁に電話でやり取りをする取引先の電話番号などを貼っておけば"メッセージボード"として活用することもできる。

ディスプレイの両サイドをメモボードとして活用する

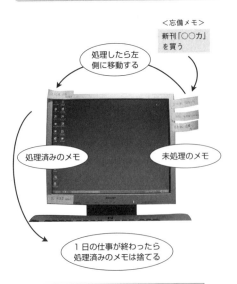

重要なメモは、処理後も忘れないように手帳に貼るか、内容を書き写しておく

こんな便利ツールで情報が「携帯ストラップ」になる

何はなくともスマホやケータイだけはいつも肌身離さずに持ち歩いているという人は多い。

それなら、いっそのこと**忘れがちな文具やデジタルツールを取り付けてしまおう。**スマホも最近はスマホケースにストラップをつけられるものが増えている。

たとえば、ストラップ式のUSB目盛をつけていればいつでもデータの保存やダウンロードができて便利なばかりか、何より紛失防止にもなる。

ミニサイズのペンやノート、ハサミや消しゴムなども見た目がかわいいだけではなく、文具としての機能を十分に兼ね備えている。

文房具を持ち歩いていれば、ふと思いついたアイデアを素早くメモできるし、新聞や雑誌の記事を切り抜いてファイリングすることもできる。

デジタルツールでは行き渡らない部分は、こうしてアナログな文具で補ってあげればいいのだ。

ミニ文具で携帯電話を最強の情報ツールに

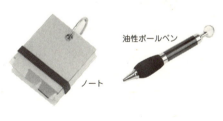

FAXとコピーの効率を上げる必須アイテム

　FAXで送られてきた書類には用紙の隅に送信日時が印字されるが、送信者のほうは書類に自分で日時を書き込んでおかないといつ送ったのかわからなくなってしまう。

　そこで、**「済」スタンプと日付スタンプがセットになったものをFAXのそばに置いておこう。**ポンと押すだけでいつ送ったかひと目でわかるようになる。

　また、**FAXやコピー機のそばにはこうしたスタンプやペン、ホチキスなどの文具を一式セットにして用意**しておきたい。

　FAXやコピーをするときにひと言書き加えたくなったり、コピーを終えた書類をホチキスで留めることはよくあるからだ。

　箱などにまとめておけばコピー機周辺もスッキリ片づいて一石二鳥である。

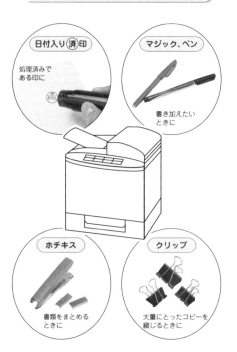

FAX・コピー機のそばに置いておきたい文具

- 日付入り済印 — 処理済みである印に
- マジック、ペン — 書き加えたいときに
- ホチキス — 書類をまとめるときに
- クリップ — 大量にとったコピーを綴じるときに

「どんな筆記具で書いたか」も意外と見られている

手紙を書くときにこだわりたいものの1つは、筆記具だ。書きやすいからといって、ふだん使っているボールペンやサインペンを使うのは、相手に対して失礼である。

なぜなら**ボールペンやサインペンは元来「事務用」の筆記具なので、相手に対して事務的に書いたという印象を与えてしまう**からだ。

できることなら、**手紙には万年筆を使いたい**。万年筆を使って書かれた手紙はそれだけで格調が高くなるし、受け取ったほうも自分が尊重されていると感じる。

また、**かしこまった手紙なら、筆、または筆ペンもいい**。毛筆の手紙は、やはりどんな時代にあっても日本人にとっては心を和ませてくれるものである。

達筆でなくてもいい。机に向かって、襟を正し、心をこめて書いたのだということが伝われば、それで十分である。

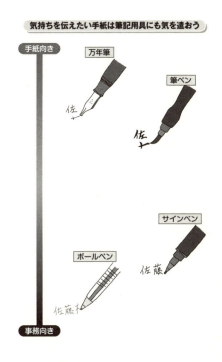

気持ちを伝えたい手紙は筆記用具にも気を遣おう

文具力ドリル

質問①

消しゴムは、紙のケースの縁があたっている部分から折れてしまうことがありますが、ケースにひと工夫することでこれを防ぐことができます。どうすればいいでしょうか。

質問②

パソコンのCDドライブが開かなくなったとき、「強制イジェクト・ホール」と呼ばれる小さなボタンを押すとディスクを取り出すことができます。このときに使うと便利な文具は何でしょう。

質問①の答え
重ねて折りたたんだ紙のケースの4つの角を切っておきます。そうすれば、消しゴムにかかる力が一点に集中せず、曲げる力を加えても消しゴムが折れにくくなるのです。

質問②の答え…ゼムクリップ
コピー用紙などをまとめるのに便利なゼムクリップは、まっすぐにのばすと要するに細長い棒状になります。その先を、強制イジェクト・ホールのような小さな穴にズボッと挿してしまえば、弾力があってたいていしっかりと中のボタンを押すことができるのです。

第 6 部

「学ぶ力」が面白いほど身につく!

なぜ「学ぶ力」が必要なの？

社会人が勉強をするための時間をつくり、勉強を継続していくにはよほどの固い意志が必要だと思ってはいないだろうか？ ところが、ちょっとしたコツさえ知っていれば、目標を達成するのはそう難しいことではない。短時間で集中して効率よく学ぶための極意とは？

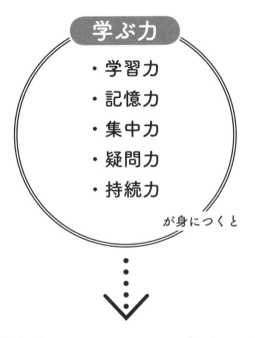

学ぶ力

- 学習力
- 記憶力
- 集中力
- 疑問力
- 持続力

が身につくと

「実力」がみるみる高まる！

STEP 1

「学習力」

200%の結果に導く勉強法の極意

ただ漫然と勉強しているだけでは、いつまでたっても思ったような効果を得ることはできない。短時間で成果が出る勉強スタイルや、やる気になる環境づくりが重要だ。

"デキる人"はなぜ"朝活"を習慣としているのか

　出勤前の時間を有効に使って、勉強や習い事をするなどいわゆる"朝活"がブームになって久しい。

　ところで、このように**「朝」に時間をつくって何かをするということはおおいに理にかなっている。**

　たとえば毎晩1時間、資格試験のための勉強をすると決めたとしよう。ところが、最初の数日は決めたとおりの時間に机に向かうことができても、そのうち急な残業や外出が入ってくると、決まった時間に帰れない日が出てくるかもしれない。

　家に帰ってからもついテレビをつけてしまい、時間はどんどん過ぎていく。これでは、勉強を始める時間が遅くなったり、やっと始めても内容が頭に入らず、すぐに続かなくなってしまうだろう。

　朝ならば家を出るまで、あるいは会社が始まるまで、とタイムリミットが決まっている。これなら嫌でも集中して取り組むことができる。しかも、**朝活でスッキリと目覚めた頭と体で職場に行けば、すぐに仕事にとりかかれるという利点も**ある。

　いつもより30分早く起きて、始めてみよう。わずか30分でも、効率がよいことに気がつくはずだ。

毎朝「どこで」「何時まで」「何をする」か具体的に書き出そう

どこで	自宅や会社近くのカフェ、オフィスのデスクなど
何時まで	通勤時間や就業時間から逆算した時間（何時から何時までか）
何をする	読書や語学、資格の勉強など

「落ち着きのない姿勢」がむしろ脳を活性化させる

一般的に"勉強のスタイル"というと、机に向かう姿をイメージすると思うが、それにとらわれる必要はまったくない。むしろ、同じ姿勢を続けるよりも、**立ったり座ったり、身振り手振りを加えたりしたほうが能率が上がる**のだ。

たとえば、語学の勉強をするときはまず単語を暗記することが先決だが、ただひたすらノートに書き写してもなかなか覚えられるものではない。そのうち、イスに座ったままウトウトしてしまうということにもなりかねない。

これは、同じ姿勢を続けているせいで脳が活動を休んでしまうからだ。そんなときは、**脳に刺激を与えるために、意図的に姿勢を変えるなどの工夫を**すればいい。

まず、単語をノートに書き写したら、次にイスから立ち上がって音読する。それをしばらく続けたら今度は座って音読する。そして、またノートに単語を書く――。

じつに単純だが、このようにいろいろな姿勢のパターンを組み合わせて学習すると、脳は常に刺激されて飽きずに1つの勉強を続けることができるものなのだ。

立ち上がって歩きながら問題を解いたり、大きな声で設問を読むのもいいだろう。

他人の力を借りて勉強不足を補う方法

　人の脳は情報を単純にインプットしただけだとあっという間に忘れてしまうが、これを**一度アウトプットするとそこに"反復効果"が生まれるため、記憶として定着しやすくなる**。

　たとえば、新しい取引先ができたときに、担当者の名前や所属部署をただ名刺を見て覚えるだけではなく、報告を兼ねて上司や同僚に「新しい取引先の担当者は○○課の○○氏です」と口頭で伝えると、いっそう記憶に残りやすくなる。

　このように、**一度覚えたことは第三者に話してみるといい**。これは勉強でも同じことで、1人で復習するよりも効果がグンと上がるのである。

　わかりやすく正確に伝えようとすると、学習したことが頭の中で整理される。このとき、話に曖昧な部分があればおのずとそこが勉強不足であることがわかるのだ。

　また、質問されてすぐに答えられなければ、まだまだ理解が足りなかったり、見落としていた点があることがわかるし、「こんな見方もあるよ」といったアドバイスを得ることができれば、さらに理解も深まる。

　ときにはさまざまな人とコミュニケーションをとることによって"他人の力を借りる"術も身につけたいものだ。

2種類の学習が"同時にできる"すごい勉強法とは？

　勉強はただ時間をかければいい、というものではない。同じ勉強を何時間も続けていると脳が疲れてしまい、時間をかけた割には大して身につかなかったということになりがちだ。

　そこで、1つの科目やテーマだけに集中するのではなく、**同時に2種類の分野の勉強ができる状況をつくってどちらも平行しながら勉強してみよう。** 1つのテーマにかける時間は半分になったのに、それぞれの理解力が格段に上がることを実感できるはずだ。

　たとえば、自室の机に資格試験のためのノートや問題集を用意し、ダイニングテーブルには英会話のテキストを広げておく。一方の勉強に飽きたら、場所を変えてもう一方の勉強にとりかかる。また飽きてきたら元の勉強に戻る。

　どちらも勉強していることに変わりはないが、内容がまったく違うものを勉強しているので、脳の疲れは解消されるのだ。

　そもそも、人間の脳というのはずっと同じことを続けていると疲れやすく飽きやすいものなのである。

　そこで「ちょっと疲れてきたな」と感じる前に休憩をとると脳はまた元気に動き出すのだが、この休憩時間には仮眠をとったりボーッとして何もしないほうがいいというわけではない。

　むしろ、**好きな本を読んだり、いま勉強していたこととはまったく別の分野の勉強をしたほうが脳は活性化する**のである。休憩時間にまで本を読んだりすると、脳を酷使してしまいかえって疲れるのではないかと思うかもしれないが、こと脳に関してはインプットする情報が違えば疲れを感じないよううまくできている。

　ちなみにこの勉強法は、同時にジャンルの異なる2冊の本を読み進めるといった読書法にも応用できる。

短時間で成果が出る「３段階スパイラル方式」

　忙しい毎日の中でビジネス書や専門書をたくさん読むのは至難の業だ。

　そこで、**どんな難解な内容でもすんなりと頭に入れることができる読書法「３段階スパイラル方式」**を紹介しよう。

　この方法は、スパイラル、つまりは**らせん階段を駆け上がるように１冊の本に対して少しずつ視点を変えながら３段階のアプローチを行う**ことで、ふだんの読書よりもその内容を深く理解できるというものだ。

　まず１回目は最初から最後まで通して読み、重要と思われる部分に傍線を引きながら全体像を把握する。

　それが終わったら２回目に傍線を引いた部分だけを読み返し、３回目はその部分を暗記しながら読むのである。

　この方法で本を読むときのコツは、全体に目を通すのは１回目だけにとどめること。そして、３回目は２回目よりもさらにスピードアップして読むよう意識することだ。

　時間をかけて何度も読み返すよりも、短時間のうちに必要な部分だけを何度も反復して頭に入れることができ、記憶にとどまりやすくなるのである。

「３段階スパイラル方式」での読書法

- ゴール
- ３回目：傍線を引いたところを暗記しながら読む
- ２回目：傍線部分だけをスピードアップして読む
- １回目：ざっと全体を読んで重要部分に傍線を引く
- スタート

情報をスッキリ整理できる「○⇔記述法」

複雑な文章は図式化するとわかりやすくなる。なかでも簡単で、なおかつ理解しやすいのが「○⇔記述法」だ。

これは、**注目したい要点を丸（○）で囲み、それを矢印（⇔）で結んで関連づけてしまうという方法**である。大半の情報はこれだけで図式化できる。

たとえば、よく教科書に載っている「三権分立」を図で表してみよう。「行政」「立法」「司法」をそれぞれ丸で囲み、それら3つが対等な位置になるようにトライアングル状に配置してから、お互いを「⇔」で結んでみる。これによって、互いが独立しながらそれぞれ支え合っている関係にあることがわかる。

また、水が蒸発して雲となり、再び雨となって地表に降り注ぐといった「自然の循環」を図にするなら、まず「水」「雲」「雨」と書き、それぞれを丸で囲む。そして、それをサークル状に並べてそれぞれの間に時計回りになるように矢印を書き込むのである。こうすれば、循環していることがひと目でわかるというわけだ。

この**方法のメリットは、複雑な作業をせずに簡単に図をつくれる**ことにある。文章で書き残すよりもはるかに早くてわかりやすく、短時間にまとめられるのだ。

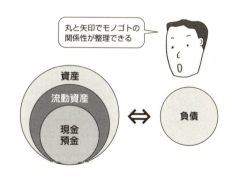

丸と矢印でモノゴトの関係性が整理できる

学習力ドリル

質問①

次の勉強方法のうち、脳を活性化させ学習効果が高まることが期待されるものは？

A 立ったり座ったり、ときには歩いたりしながら勉強する
B ２つの科目を交互に勉強する
C 身につけた内容を身近な人に話してみる

質問②

注目の「朝活」だが、資格の勉強や習い事などを朝から取り組む人は多い。さて、朝のほうが夜よりも集中できる理由とは？

質問①の答え…ABCのどれも正解
同じところを続ける際に脳が活動を休んでしまう。A と B は左右を刺激し、脳を活性化させることができる。また C のように、インプットしたことはアウトプットすることで、"高効率"な学びとなる。さらにこれらを組み合わせて＜記憶する＞ことができる。

質問②の答え
が我々が起きようと活動してまた時間の足向きに向かづけにくいが、朝ならば「時間制限まで」や「会社が始まるまで」というタイムリミットがあるため、より集中して取り組むことができる。

STEP 2

「記憶力」

脳の仕組みを最大限に利用した覚え方

学ぶ際にカギとなるのが記憶力。大量の情報を効率よく記憶するだけでなく、状況に合わせて必要な情報を一瞬で取り出すテクニックなど記憶力を高める驚きの方法を紹介しよう。

脳の前頭葉を活発にさせる「基本三原則」とは？

　脳にインプットされたさまざまな情報を素早く検索し、再構成してアウトプットするには、人の脳で最も発達した部位といわれる「前頭葉」の働きが欠かせない。そこで、**前頭葉を効果的に働かせるために心がけたい「３つの基本原則」**を覚えておこう。

　まず１つ目は、**「読み・書き・計算を行う」**こと。読み・書きをするときは実際に声を出し、また計算は複雑なものより単純なものをするといい。**次いで、「人とコミュニケーションをとる」こと**。とくに一度に複数の人とコミュニケーションをとると前頭葉は活発に働く。また、家族や友人など身近な人と話をするほうが脳はよりリラックスできる。そして**最後に、「手指を動かす」こと**。料理でも楽器の演奏でも、絵を描くことでもいい。実際に自分の手や指を動かしてアウトプットを行うのだ。

　脳は情報の要点だけを断片的に記憶していくため、前頭葉の機能が衰えてくると、それらをまとめることができなくなってしまう。複数の情報から構成された記憶ほど、アウトプットするのは難しくなるのだ。

　記憶力を高めたい人は、さっそく前頭葉の動きを意識した時間を過ごしてみてはいかがだろうか。

前頭葉を刺激する行動とは

- 読み、書き、計算する
- 大勢で話すなど、コミュニケーションを楽しむ
- 料理を作ったり、楽器を演奏したりして手指を動かす
- 前頭葉

前頭葉＝思考や創造性を担う脳の中枢分野

1日1回笑うだけで「記憶力」は向上する

「笑い」には、記憶力を高める効果もあるといわれている。

脳内でとくに記憶や学習をつかさどるのは「海馬」と呼ばれる部分だが、この海馬における情報の処理や伝達に必要なニューロン（神経細胞）の働きは、ストレスなどによって脳が緊張してしまうと妨げられるといわれている。

それを防ぐために**笑うことで脳をリラックスさせて、ニューロンの働きを活発にさせる**のである。

さらに、人の体には使っていない機能はどんどん衰えていってしまう「廃用性機能低下」という特性がある。これは脳にもいえることで、学生の頃に比べて記憶力が落ちたと感じるのは年齢による機能の低下だけではなく、脳を使う機会自体が減ったことも一因だと考えられる。そこで、**笑うことによって脳に刺激を与えて、脳内の神経伝達物質の生産を活発化させる**のである。

人体のブラックボックスといわれる脳だが、笑いは脳にさまざまな効果を与えているというから不思議なものである。

また、笑いは人とのコミュニケーションにも欠かせないものだ。脳の機能とともに"低下"してしまわないように、笑いのセンスも日頃から磨いておこう。

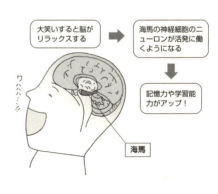

面白い話は"受け売り"すると記憶に止まる

　得意げに話したことを、人から「それってこの前テレビでいってたよね？」などと指摘されると何とも気まずいものだが、そんな"受け売り"が得意な人に耳よりな話がある。

　じつは、**脳に情報をとどめておくにはむしろ受け売りを積極的にしたほうがいい**のである。

　テレビでも新聞でもいいから、見たり聞いたりして自分が面白いと思った話は家族や友人、職場の同僚などにどんどん話してみよう。

　そもそも情報は正確に記憶したり、話の全体像を理解していなければ人にちゃんと説明することはできない。

　また、人に話すことで自分の理解度や、わかっていない点をチェックすることもできる。

　さらに、人に話すと再度耳から情報を得ることになり、自分の脳にもより深く記憶されるのである。

アウトプット＋再インプットで確実に記憶にとどめる

情報 情報 情報 → オモシロイ！
アウトプットしないと → 忘れる
アウトプットすると
Aっていう話があってね
アウトプット →
なるほど!!
← 再インプット
それにBを足すともっとおもしろい
＝
再インプットすると深く記憶される

「脳内ボックス」からスムーズに記憶を抜き出す方法

　記憶とは、脳の中で情報がギフトセットのように整然と詰められているわけではない。それぞれの情報はつながってはいるものの、脳のあちこちで部分的に記憶されているのだ。

　そこで、何かを思い出したいときには、**一度にそのすべてを思い出そうとするよりも、ある1つの具体的な情報を足がかりにして次々と連想して思い出すようにしたほうがいい。**

　たとえば、会社の会議や知人の結婚式などで、人の前でメモを見ずに話をすることになったとしよう。

　そんなときに、その内容を一言一句すべて覚えようとすると、頭が真っ白になってしまうことにもなりかねない。

　そこで、エピソードごとに具体的なキーワードを1つずつ記憶すれば、そのひと言を足がかりに記憶された情報を次々と思い出すことができるのだ。

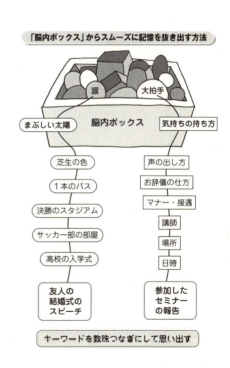

「エピソード記憶」で覚えれば必要なことを一瞬で思い出せる

　じつは、**記憶には「意味記憶」と「エピソード記憶」の2つがある。**まず、意味記憶とは本を読んだだけで覚える能力のことだ。これは若い脳ほど力を発揮し、物事を深く考えることなく丸ごと単純に覚えることができる。たとえば、学生などは英単語や年表を何度か読むだけで苦もなく覚えてしまったりする。ただし、この方法の唯一の難点は時間とともに忘れやすいということだ。

　これに対してエピソード記憶は、それにまつわる情報を一緒に覚えてしまうことによってインプットする方法だ。意味記憶のように瞬時に思い出すことはできないが、**関連したことと併せて覚えているので、いもづる式に記憶を引き出すことができる。**

　そこで、情報はエピソードとともに頭に入れておくことを心がけたい。たとえば、「コンプライアンス」という言葉を記憶するときには、「食品偽装問題などで企業のコンプライアンスが問われる時代だ」といったニュースのトピックスとともに覚えるようにする。

　すると、コンプライアンスの意味が出てこなくても、食品偽装問題のニュースから記憶を手繰り寄せることができるのだ。

　エピソード記憶で覚えておくと、記憶をいつでも頭の中から引き出せて便利なのだ。

言葉	キーワード
SPA	IKEA、ユニクロ、H&M
リノベーション	マンションの中古物件が人気
トレーサビリティ	産地偽装事件で導入

言葉が思い出せなくてもキーワードから検索できる

覚えておきたい事柄は
青ペンでメモする

　19世紀にドイツで行われた記憶力の実験によれば、被験者は20分後に覚えたことの約40パーセントを忘れ、1日後には70パーセント以上を忘れてしまったという。人間とは、じつに忘れっぽい生き物なのである。

　ただし、**刺激を与えれば脳の働きはもっと活性化し、記憶力をアップさせることができる**という。

　たとえば、殴り書きでかまわないので、話を聞きながらノートにすべて書き写していくという方法だ。

　これを記憶力とは関係のない、単なる記録ではないかと思うのは早計だ。**視覚・聴覚・触覚・嗅覚・味覚といった五感をフル回転させたほうが、記憶は脳に定着しやすくなる**のである。

　話を聞くときには、聴覚が働いている。ここに手を動かして字を書く刺激が加わり、さらに文字を目で追うことで視覚も使う。

　つまり、脳は一度に3つの方向から刺激を受ける形になるわけで、改めてノートを開かなくても思い出せる確率は一段と高くなるのだ。

　メモをとる際に覚えておきたいのが、重要な事柄には青色のペンを使うことだ。青い色には鎮静作用があるといわれており、心を落ち着かせて集中することができるのだ。

　この青ペンメモは、打ち合わせをしているときなどにも活用したい。もっとも、ずっとノートに目を落としたままでは対話にならないので、記憶に留めておきたい時に記録するのがコツだ。

　この方法はあくまでも自分の記憶を補強するためのメモなので、字は汚くても問題はない。要は、書き漏らさないことが大事なのだ。

「対話学習」なら情報が何度も脳に刷り込まれるから忘れない

どこの会社にも、次々と斬新なアイデアを披露して周囲を驚かす社員が1人や2人いるものだが、そのようなタイプが、けっして手品のように瞬間的な思いつきでアイデアを出しているのではない。

頭の中に蓄積している豊富な情報を、そのときの目的や予算などの条件と照らし合わせて引っ張り出しているのである。つまり、持ち合わせている情報量と"引き出し"の数がほかの人と比べて圧倒的に多いのだ。

そんな人に少しでも近づくべく、効果的に情報の蓄積量を増やす方法を考えてみよう。まず、脳の情報量を増やすということは、いかにさまざまな情報を整理して記憶できるかにかかっている。

そこで、思いついたことや新しく学んだことは頭で考えるだけではなく、マメに手で書いて文字にするクセをつけたい。

書いて、それを眺めることで情報は二重にも三重にも記憶される。もし忘れても、それを手元においておけるメリットもある。

こうして、たとえ短時間とはいえ自分と「対話」しながら情報を蓄えていけば、その場のニーズに合わせたアイデアを生み出せるようになるのだ。

思いついたことや新しく学んだことを書いてみよう

書いているとき、脳は新しい情報と古い情報を結びつけようとして働く。書いたらもう一度読んで"対話"をしよう

"アイデア脳"が鍛えられる「ラジオ勉強法」

同じニュースを聞くにしてもラジオはテレビと比べて聴いている側の五感の動きに大きな違いがある。

たとえば追突事故のニュースがラジオから流れてきたとしても、耳から入ってきた情報だけでは、そこがどんな場所なのか、事故の様子はどうなのかなど実際の状況はわからない。

すると、人間はその情景を想像しようと五感をフルに働かせる。つまり、**日ごろからラジオを聞いて五感や想像力を働かせておくと、仕事に使える"アイデア脳"が鍛えられる**のだ。

また、ラジオは音楽が流れている時間やCM以外は常に言葉にあふれた、まさに"情報の宝庫"だ。パーソナリティーのトークやリスナーからのメッセージなど、その内容も盛りだくさんで聞き手の五感は休まることがない。本人はただ聞いているだけのつもりでも、脳内ではさまざまな機能が活発に働いているのだ。

また最近では、スマホやケータイでもラジオを聴くことができるので、通勤電車でラジオ番組を聴いて五感や想像力を鍛えてみてほしい。

ちなみに、ラジオを聴きながらの勉強には思わぬ副産物もあるようだ。**ラジオの内容を思い出すことで、そのときに勉強していたことが一緒に記憶から引き出される**のである。

目から入る情報と耳から入る情報が頭の中で一体化して、まるでエピソード記憶のような状態でよみがえるのだ。

そういえば、ラジオの深夜放送といえば受験勉強の定番だが、そんな"ながら勉強"も意外と理にかなった勉強スタイルなのかもしれない。

記憶力ドリル

質問①

今年から数えて一昨年の来年のさらにその再来年は辰年だった。それでは今年の干支は何になるだろうか？

質問②

あなたの財布にも入っているはずの、野口英世が描かれた1000円札。ふだんよく使うこのお札のことを思い出してほしい。さて、この裏に描かれている、日本人なら誰もが知っているあるものといえば何？

質問①の答え…寅年

年を書いておくと、十二支は「子・丑・寅・卯・辰・巳・午・未・申・酉・戌・亥」の順と並びになる。ちなみに、十二支が順にどのあるのかを順に書いていくとわかりやすいはずだ。干支が東西南北についているのもこのためだ。

質問②の答え…富士山

1000円札の裏には、富士山とその手前の湖に映る逆さ富士、さらにその横の花が描かれている。ここまで細かく覚えているか否かで、身近な1000円札だが、実の観察未はまだ進歩しているといえるだろう。

STEP 3

「集中力」
効率が上がる、成果がUPする勉強法

時間がないときに勉強をするには集中力を高めることが必要だ。そこで、なかなか集中できないという人におすすめの、勉強を毎日続けるためのノウハウを紹介しよう。

頭と身体を勉強モードにさせるウォーミングアップのやり方

　仕事や勉強など、しなければいけないのに、集中した状態になかなか入れないということがある。

　この問題の対策として紹介したいのが、仕事や勉強の前にウォーミングアップを行う方法だ。

　ウォーミングアップとは英語の「warming up」という言葉どおり、軽い運動によって体温を高めてケガを防ぐとともに、その後のプレーの集中力を高めることをその目的としている。

　これを応用して、**仕事や勉強においてもスムーズに集中した状態に入るためにウォーミングアップを行う**のである。

　もし会社にいるときなら、コーヒーを飲んで気分を切り替えてみたり、資料をすべて机の上に用意してみる。

　もちろん、軽く体を動かしてもいいし、スポーツ選手がよく試合前に行っているように、お気に入りの音楽を聞いて気分を盛り上げてもいいだろう。

　このように、**「これをやったら本題にとりかかる」という自分なりのルールをつくる**ことで、その"儀式"を行うだけで頭も身体も**仕事モードや勉強モードにすんなりとシフトできる**のだ。

仕事モードや勉強モードに気持ちを切り替える方法

ストレッチをする　ていねいにお茶を入れる　デスクを拭き清める

仕事や勉強前の"儀式"に集中してから

→ 本題にとりかかる

忙しいときほどその他を全部捨てて一点集中したほうがいい

「今日は企画書づくりにランチミーティング、午後から来客。そうだ、来週のアポイントも入れておかないと……」。抱えている仕事の量を前にして、途方に暮れてしまった経験はないだろうか。

そこで、ここ一番で集中しなければならないときには、思い切ってその他のことはいっさい捨ててしまおう。

まずは、**最も期限が迫っている仕事は何かを確認してそれを仕上げることに全力を注ぐ**。それが終わったら次、また次と1つずつクリアしていけば、気がつくと仕事の山を越えているのだ。

また、集中するための環境はちょっとした工夫で整えることができる。自分の席で仕事をしているときに集中力を途切れさせてしまう最大の要因は、自分あての電話や、他人からのちょっとした頼まれ事などだ。

集中した状態がいったん中断してしまうと、元に戻って仕事を再開するまでにそれなりの時間がかかってしまう。

そういうときは、「ちょっと集中したいので、これから2時間は電話は取り次がないでほしい」と周囲の人に断っておくとか、空いている会議室や喫茶店で仕事をするなど**一時的に周囲との距離をつくってしまおう**。

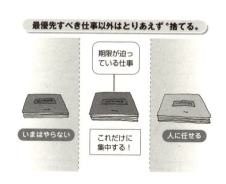

電車の中が「充実した勉強タイム」になるちょっとした工夫

「これからは通勤時間をムダにせず、電車の中で本を読もう」と心に決めても、本をカバンに入れるのを忘れてしまったりして、なかなか始められないという人もいるだろう。

そんな人にぜひやってほしいのは、**玄関の靴箱の上に常に「電車で読めそうな手軽な本」を数冊置いておく**ことだ。そして出かけるときに、適当に手を伸ばして1冊バッグに入れる。**まずは「本を携帯する」という習慣を身につけていく**のだ。

このとき、難しい本や読むのにある種の気構えが必要な本はなるべく避けよう。あくまでも、気楽にリラックスして読めるエッセイなどからスタートしたい。

「通勤中に知識をいっぱい詰め込んでやろう」と難易度の高い本を選んだり、「電車の中を勉強部屋にしよう」と思って資格試験の本などを持っていっても、ただでさえ気の重い通勤の時間がますます憂鬱になるだけだ。あくまでも**「手軽に楽しく時間を過ごす」という読書本来の原点に立ち返って、本を選ぶ**のである。

もちろん、本ではなく雑誌でもいい。忙しい毎日のなかで、雑誌をゆっくり読む時間を探し出すのは意外と難しいものだが、そんな人も電車の中を大いに活用してほしい。

玄関の靴箱を「通勤読書用」の書棚にする

小説、エッセイ、話題の本、実用書など、さまざまなジャンルの本を揃えておく

読書が苦手な人もラクラク読める"つまみ食い読書法"

本来「本を読む」という行為は、もっと気軽なものである。何も一度手をつけたら最後まで読まなければいけないわけでもないし、他の本に浮気してはいけないという決まりもない。

そこで、読書が苦手な人におすすめしたいのが、**自分の居場所のすべてに本を用意するという方法**だ。

たとえば自宅のベッドサイドやトイレ、リビング、さらには通勤カバンの中に本を用意しておく。そして、立ち寄った場所で少しずつページをめくる。いってみれば**いろいろな所で本の"つまみ食い"をする**のである。

内容がすんなり理解できるかどうかは、集中力にかかっている。同じ本を30分読むと飽きてくるという人でも、トイレにいる間のわずか数分だけなら集中力が持続するはずだ。もちろん気が向かなければ、無理して読まなくてもいいのである。このくらいの気軽さで取り組むと、思いのほか読書量は増えていく。

この**"つまみ食い読書"がクセになれば、苦手意識は払拭できたも同然**だ。

週刊誌やマンガなども混ぜておけば、緊張と緩和の相乗効果でますます集中力が増していくだろう。

本が苦手な人ほど、いつも本がある生活を

「1日1冊」が可能になる読書タイムのつくり方

　どんな職種であろうと、ビジネスパーソンにとっては、仕事に役立つ本や雑誌を読むことも仕事のうちである。

　ビジネス書やビジネス誌を1日1冊くらいのハイペースで読めるようになったら……という人もいるだろう。

　じつは、現実的には難しいと思われがちな1日1冊という目標も、簡単な工夫で不可能を可能にすることができる。それは、**読書の習慣を暮らしの習慣とセットにしてしまうこと**だ。

　誰でも1日の生活のサイクルはある程度決まっている。たとえば、朝6時に起きて7時に朝食をとるという人なら、その間の30分間を読書タイムに設定する。7時30分から1時間通勤電車に揺られているなら、そこも読書タイムに充てる。さらに帰宅するときの通勤時間や湯船に入っている時間も読書に充ててみるのだ。

　つまり**起床後、通勤電車、入浴の「3つの習慣」と読書をセットにして習慣化させる**のだ。こうすれば、わざわざ時間をつくらずとも毎日読書をする時間を増やすことができる。

　読書を生活の一部に取り入れて習慣化することはそれほど難しいことではないのだ。

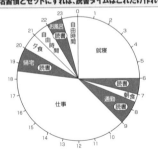

生活習慣とセットにすれば、読書タイムはこれだけ作れる

集中力を高めるBGM、思考を邪魔するBGMの違い

図書館のような静まり返った場所は、何となく落ち着かなくてかえって読書に集中できないという人がいる。だが、これはとても自然なことで、じつは人間は無音状態の中では緊張感が高まって集中力が下がるのが普通なのである。

ところが**音楽には、緊張感を和らげ、疲労を低下させてくれる効果がある**。読書中に音楽をかけると、集中力が高まる効果があるのだ。

とはいえ、どんな音楽でもいいというわけではない。日本語の歌詞のある曲は無意識のうちに歌詞の意味を考えてしまい、かえって集中できない。

最も集中力を高める効果があるのは、思考の邪魔にならないヒーリング音楽やクラシック音楽などの歌詞のない音楽だ。こうした音楽を小さな音で流していると、音を聞こうという意識が薄れて勉強に集中できる。

しかも、シンと静まり返っているわけではないので、ゆったりとした気分で本や資料に向き合うことができる。「集中力を高めるには無音状態がベスト」というのはただの思い込み。ぜひ自分に合ったBGMを見つけてほしい。

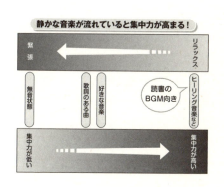

静かな音楽が流れていると集中力が高まる！

集中力ドリル

質問①

話題のビジネス書を手に入れた。この週末に一気に読んでしまいたいのだが、集中して読書をしたいときに最適な環境は次のうちどれ？

A 静かなクラシック音楽を流した部屋で読む
B FMラジオをつけた部屋で読む
C まったく音のしない部屋で読む

質問②

問題①のビジネス書を読んでいたが、だんだん集中して読むことができなくなってきた。そんなときにいい方法は？

質問①の答え…A
意外かもしれないが、無音状態では雑音が気になって集中できない人もいる。静かな音のクラシックミュージックは暴露としてBGMとして最適。

質問②の答え…立って読む
座っているよりも立っているほうが、かえって体にほどよい負荷がかかって集中力を維持することができる。また、立ったまま読書時間を超過することで速読の訓練や脳活性が向上する。

STEP 4

「疑問力」
重要ポイント・問題点をひと目で見つける技術

ビジネスチャンスは、世間で常識といわれている物事に疑問を持ち、「なぜ？」「どうして？」と考えることから生まれるもの。疑問力を磨けば〝目のつけどころ〟が変わってくる。

「当たり前」のことほど おかしいと疑え

　ビジネスでは、多くの競争相手が乱立している市場に"後発組"として飛び込むよりも、誰も目をつけていない領域で"パイオニア"としてビジネスを始めるほうが成功する確率が高い。

　ところが、そんなパイオニアになるのは容易なことではない。

　必要なことはまず、**これまでの常識に対して「なぜだろう？」とか、「不思議だな？」などと疑問をぶつけられるかどうか**だ。

　その証拠に、「ニッチ」や「ベンチャー」と呼ばれるビジネスは、ふだんの暮らしのちょっとした不便や不都合など思いもよらぬところに目をつけたことで成功を収めているケースが少なくない。

　たとえば、「文字が消せるボールペン」が登場して話題となったが、「ボールペンで書いた文字は直せない」「修正液を使うしかない」という常識を見事に覆すことで、ヒット商品となり得た。

　それまでの常識にのっとって、**「そんなこと当たり前だ」「常識的に考えておかしい」などと頭から決めつけてしまっては、いつまでたっても斬新なアイデアは浮かばない。**

　それよりも、幅広い考えに触れて疑問を持つクセをつけておけば、思わぬビジネスチャンスに出会える可能性が高まるのだ。

「当たり前」のことをいろいろな角度から見てみると…

- ビニール傘は安いほど売れる…
- 使い捨てじゃない高品質でおしゃれなビニール傘ってうけるかも
- コンビニの店員といえばアルバイトだが…
- コンビニにカリスマ店員がいると面白いかも！

"常識の壁"を破る「スキーマ発想法」とは?

いままでにない新しいアイデアを思いつくためには、まず自分の考えから「スキーマ」を見つけ、それに縛られないようにするのが鉄則だ。**スキーマとは心理学用語の1つで、「常識」や「先入観」のことである。**

たとえば、商品が低価格化しているマーケットに、高額な新製品を投入するといわれたら、大半の人は「そんな価格で売れるわけがない」と否定的に考えるはずだ。これは頭の中に、「低価格で売るのが当たり前」というスキーマがあるからだ。

先入観にとらわれずに考えてみると、価格に見合う品質を追求したり、販売ターゲットを絞り込んで他社の製品と差別化を図れば、高額商品でも利益を確保できるかもしれないことに気づく。

そこで、**アイデアを考えるときにはまず何が自分のスキーマになっているかを考えてから、それとは正反対のことをいくつも挙げてみる**といい。

たとえば、"早い"のが常識なら"遅い"とどうなるのか、あるいは"短い"のが一般的なら"長く"したらどうなるのかを想像してみるのだ。

「ノンアルコールビール」などは、まさにこのスキーマ発想法から生まれたヒット商品といえるだろう。

あえて正反対の発想をしてみると…

ゆっくりと食べる高級牛丼

本格的な"立ち食い"寿司

景勝地を時速30kmで走るタクシー

大きなイヤホン型"補聴器"

アイデアマンには"あまのじゃく"が多い

同じやり方では勝負にならないのならば、**ときにはあえて"あまのじゃく"になることも必要だ**。

たとえばあなたが、新たに業界に参入したある企業で営業を担当していたとしよう。ところがその業界には、巨大な販売網を持った老舗の企業が長年にわたり君臨し続けている。

どんなにあなたの会社が扱う商品に自信があったとしても、その老舗とまともに販売競争をしては勝ち目がない。

こういうときは、老舗がまだ手をつけていないネット販売など、旧態依然とした組織にはできない土俵で勝負することが必要である。

歴史を振り返るまでもないが、**「剛」には「柔」で、「個」には「集団」で立ち向かうのが戦術の定石**だ。

それと同じで、**あえて相手の得意分野とは正反対の相手の手が届かないところで勝負**することを意識してみよう。

実現可能か不可能かは考えずに逆を考えてみる

「どうしたら楽になるか？」を考えると改善策が見えてくる

仕事をしているときの目標として**「楽をする」というと響きがよくないかもしれないが、この言葉を「効率を上げる」と置き換えてみる**と、途端に前向きな言葉となる。

仕事を楽にする方法の1つは、さまざまな不都合や疑問に対して改善策を見い出すことだ。

たとえば「効率が悪い……」と感じながらも長年決まり切ったルールのもとに行われている作業があるとしよう。

一度そのルールをリセットしたいのはやまやまだが、新しいやり方を考えてそれを導入するのは手間がかかる。だから、わかってはいても同じ方法を続けてしまうのである。

ところが、トータルで考えるとこれほど時間をロスしていることもない。たとえば、4つの工程を4人で作業している場合、1人減らして3人でやってみる。もしくは、手間のかかる作業を外部に出してみるなど改善策を考えてみるのだ。

それに、ジレンマを抱えたままではストレスもたまる一方である。

仕事でも家事でも**「どうしたらもっと楽に、スムーズにできるのか」を、答えが見えてくるまでとことん考える**ことが大事なのである。

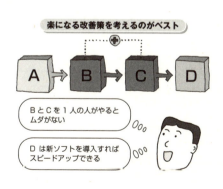

自分の認識が世間とズレていないかチェックする方法

　携帯電話やスマホでいつでもインターネットにアクセスできるようになってから、気軽に入手できる情報の量は年々増加している。その反面、情報の鮮度は短くなってきている。

　1カ月前はこうだったと自信を持って発言しても、じつはその内容は180度変わってしまったという状況もあり得るのだ。だから、自分の認識が古くないかどうか常に疑ってみる必要がある。

　そこで、日々進化している**最新の情報ツールを利用して、自分の持っている情報や知識を最新のものに更新**しておこう。

　たとえば、インターネットの検索サイトを利用するときにも、ただ漫然とキーワードを入力して出てきたサイトを調べるだけでは能がない。そんなときは、ふだんから**よく利用している検索サイトの名前の後ろに「新機能」というキーワードを打ち込んで検索**してみよう。すると、発表になったばかりの新しい機能に関しての情報やプレスリリースが見つかるはずだ。

　たとえば、インターネット検索最大手のグーグルなら、自分の調べたいキーワードがどれくらいの頻度で検索されているかを分析できるサービスや、キーワードを設定しておくだけで関連記事を自動的に知らせてくれるアラート機能などを無料で利用できる。

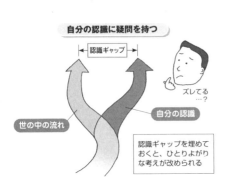

366

新聞の"水面下"にある見えない真実をつかむ技術

たとえば、新聞に天気の長期予報が掲載されていたとする。そこには、「3カ月予報発表、今年は冷夏」という見出しで、今年の夏は冷夏が予想され、例年ほど気温が高くならないという記事が書かれている。その見出しをパッと見て「今年の夏はしのぎやすいらしいね」などと世間話のネタにする人は少なくないだろう。

ところが、せっかく忙しい時間を割いて新聞に目を通しているのにそれだけではじつにもったいない話だ。**新聞は一面的な情報を提供してくれる反面、より深い情報を得ることができる**からだ。

たとえば、冷夏について書かれた記事は、冷夏が原因で夏物商戦が不調になることを示唆している。

そこで株式欄を見てみると、衣料品メーカーや飲料メーカーの株の動きはどうなっているだろうか。もちろん株式の動きは投資の話ばかりか、経済の動き、ひいては自分の会社にも関係してくるはずだ。もしかするとビジネスチャンスに結びつくかもしれない。

このように、**新聞は1つの記事をきっかけに、さらにその水面下にある情報を深読みすることができる優秀なツール**なのだ。

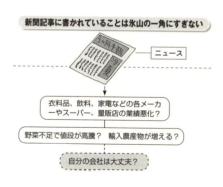

疑問力ドリル

質問①

F1レースで、日本人ドライバーが操る車が見事なコーナリングで前を走る第11位の車を抜き去った。さて、彼はこれで何位になった？

質問②

あるバーには双子のバーテンダーがいる。このどちらかに１回だけ質問をして、どちらが兄かをいい当てることができればその日の飲み代はタダになるという。ところがこの２人、兄のほうは必ず正しいことをいうが、弟はウソしかいわない。いったいどんな質問をすればいいだろうか。

質問①の答え…11位
抜いて追い抜いたら、「11位の前に出たのだから、10位だ」と答えるのがオチだが……11位。

質問②の答え
「あなたの兄はどちらだと答えますか？」と聞けばいい。もしAが兄ならAは「A」と答えるが、Bの弟はウソをつくからBも「A」と答える。だから、兄答えた反対のAが兄ということになる。

STEP 5

「持続力」
モチベーションを高く保ち続けるコツ

どんなに高い目標を掲げて勉強にとりかかっても、時間の経過とともにやる気は下降してくるものだ。結局続けられない…と悩む人にモチベーションを保つ方法を紹介しよう。

モチベーションを保つためには "大げさな動機" がいい

「何をやるにも三日坊主で続かない……」その原因は意思の弱さではなく、その取り組み方に問題があるかもしれない。そこで、モチベーションを保ち続ける方法を紹介しよう。

まず、**仕事や勉強をするにあたり、思わず続けたくなってしまうような "スゴイ動機" を自分に設定してあげる**ことだ。

人が何か行動するときには、大なり小なりの動機が存在する。三日坊主で終わってしまうような人は、そういった行動を継続するための動機づけがうまくいっていないだけなのだ。

たとえば、少しくらいの遅刻ならちょっと注意される程度で問題ないと思ってしまう人もいるだろう。

ところが、今月から1回でも遅刻をするとボーナスの査定に影響する、そんなルールを上司から伝えられていたとしたら……おそらくカバンを抱えて走り出すはずだ。

少々極端な例だが、これこそがまさに "動機" なのである。

ほかにも、何か目的が達成できたらずっと欲しかったモノを買うなど、**ちょっとした "自分へのご褒美" を用意しておく**のもいいだろう。

370

スランプに陥ったら「自分以外のせい」にするとうまくいく

真面目な人ほどスランプに陥りやすいといわれる。そんな人は一度スランプかなと思ってしまったが最後、底なし沼に引きずり込まれていくようにミスを繰り返してしまうものだ。

そこで、いつまでもスランプのトンネルを抜け出せないという人におすすめしたい**「スランプ脱出法」**を教えよう。

それは、**スランプの原因を「自分以外」のところに求めること**だ。一度スランプに陥ってしまうと、人はその原因を追及して悩んでしまう。悩み抜いて行きつく先は、結局のところ「自分には才能がない、不向きだ」といった"自己否定"になってしまう。

そこで、「ちょっと寝不足だったから」とか「運動不足だったから」など、体調面などの**外的な要因をスランプの原因として強引に持ち出してみる**。そして、その原因の改善に集中すれば、悩みが消えていつの間にかスランプからも抜け出せているはずだ。ほんの少し視点をずらすこのテクニックは、一種の自己暗示である。

自己暗示といえばほかにも、このネクタイを締めれば調子を取り戻すことができる、このカバンを持てば元気になれる、といった**自分なりの"スランプ脱出アイテム"を用意しておく**のもいい。

ひどいスランプに陥ったときに自分に言い聞かせたいフレーズ

- 天気が悪いから気分がのらない（天気のせいにする）
- 寝不足だからしかたがない（体調のせいにする）
- 机が片付いていないから仕事がしづらい（環境のせいにする）

仕事ができないのは能力のせいではない！
…と仕切り直そう

目標のハードルはむしろ "下げた"ほうが達成率が上がる！

　大きな目標を達成するには、まず**低いハードルから始めて、それを段階的に上げていく**といい。

　たとえば、新人営業マンに１日あたりの訪問件数を少しでも上げさせたいのなら、「もっと訪問してこい」と漠然と指示を出すのではなく、「今月は１日５件を目標にしよう」とハードルを低めに設定しておいて、翌月からこれを徐々に引き上げるのである。

　すると、その営業マンは目標を確実にクリアすることができるので、しだいに訪問件数を上げるコツがわかるようになり、３カ月もすれば上司がとくに指示をしなくてもよくなるはずだ。

　階段を上るように一歩一歩ステップアップしていけば、自分の成長も実感でき希望を持って続けることができる。達成することは難しいように見える目標でさえも確実に射程内に入るのだ。

　ちなみに、古くからビジネスの世界では**「何事も小さく生んで大きく育てる」**といわれている。

跳べないハードルが続くと、モチベーションは下がり続ける

　はじめから規模の大きな会社を設立するのではなく、小規模な会社からスタートして、時間をかけて確実に大企業へと成長させることを意味している。

　これもハードルの話とまったく同じ目標設定の方法である。

ビジネスでは「苦手なことはそれなりに」でOK

人はいい経験よりも、どちらかといえば苦い経験のほうを強く覚えている傾向がある。

たとえば、仕事では自分の得意なことばかりを任されるものでもない。プレゼンでも企画書づくりでも何かミスをしてしまい一度苦手だと感じてしまうと、その仕事に対してのマイナスイメージはいつまでもつきまとってしまうものだ。

1つの失敗がいつまでも尾を引くのは、仕事に限らず、勉強やスポーツ、さらには人間関係においても同じである。

だからこそ、**苦手な分野では何とか平均点を出すことを目指し、その分、自分が得意な分野では思う存分、力を発揮すればいい**のである。

そこで、**できないことは思い切って誰かに頼んでしまおう**。何か1つでも壁にぶつかってしまうと、一気に仕事に対するモチベーションが下がってしまうものだが、**自分の"短所"を知ることは、一転して"長所"を伸ばすいいチャンス**となることを覚えておきたい。

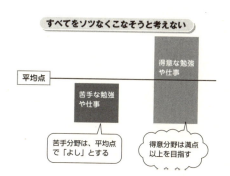

"三日坊主"を克服する「3つの法則」とは

「三日坊主を克服する3つの法則」をご存じだろうか。

①始めるまでに3分以上かけない
②やる気の失せないスケジュールを立てる
③勉強する時間を先に決める

　始める前に3分以上かけないとは、勉強をスタートするまでの時間のことを指している。
　勉強するたびに必要な本や辞書や筆記用具を用意していたのでは準備に時間がかかり、始めること自体が面倒くさくなってしまう。勉強スペースを確保しておくなど、すぐ勉強にとりかかれる環境を整えておくことも大切だ。
　また、やる気が失せないスケジュールを立てるには、学習量より勉強できる時間がどれくらいあるかを優先して考えるといい。
　学習のボリュームを中心に考えると、どうしても決めた量を消化することばかり気にしてしまうからだ。
　そこで毎日、机の前に確実に座っていられる時間がどれくらいあるかを先に確認して、そこから逆算して学習量をはじき出してみよう。これなら無理なく、確実な計画を立てられるはずだ。
　そして3つ目の勉強時間を先に決めるとは、1日の予定を組むときにまず、何時から何時までを勉強時間とするか決めたうえで、食事や仕事の時間を設定するということだ。こうすると確実に時間を確保できるので、忙しくても続けることができる。
　この3つの法則さえ守れば、勉強でも仕事でもスケジュールを先延ばしにすることはない。3日坊主ともサヨナラできるのだ。

下がったモチベーションを2日で完全復活させるには?

「毎日続けることが大事」とばかりに無理して続けて、一度、「イヤだな」という気持ちが頭の中を占領してしまうと、たちまちやる気など失せてしまうものだ。

それよりも、**手がつかなくなったら、そのときは2、3日ほどきっぱりと勉強をやめてしまおう**。そして、前から観たかった映画を観たり、スポーツをするなどいままで勉強に追われてできなかったことを思いっきりやるといい。

もちろん、何も考えずにダラダラ過ごしてもいいだろう。大切なのは、頭の中から勉強のことをいっさい追い出してしまうことである。

すると、3、4日くらい経ってから「そろそろ勉強しなきゃ」という気持ちが生まれてくる。

そうなればしめたものだ。そこで勉強を再開すると、また新鮮な気持ちで集中することができるし、いままで見えていなかった自分のウィークポイントも客観的に把握できるようになる。

中途半端に勉強に気をとられながら休むと、勉強を再開したときに新鮮な気分も半減してしまうので気をつけたい。

モチベーションが下がったら勉強するのをスッパリとやめる

2〜3日、好きなことだけをする

焦りが出てきたら、新鮮な気持ちで勉強再開!

「ポジティブ日記」で自分の才能が見えてくる！

　日記にその日にあったできごとや感情を書き連ねると、ストレス発散になる。しかも、日記には心の浄化作用があるという。

　さらに、自分の才能を発見する手がかりにも使えるというから日記を書かない手はない。**ポイントは、とにかくポジティブな内容で埋め尽くすことである。**

　いいことだけを拾って書くのは自己満足に浸っているだけだと思うかもしれないが、それは違う。そこに並んでいるのは間違いなく自分の才能や長所、得意技だったりして、ビジネスでも強力な武器になるのだ。この**「ポジティブ日記」はつまり、自分がどんな武器を使えるかを知るためのアイテム**なのである。

　とくに、褒められた点については絶対に書き洩らさないようにしたい。自分で考えている自分と、他人から見た自分は往々にして違うものである。そのせいか、思わぬところを褒められて驚くこともある。第三者が気づかせてくれた新たな才能も、褒められれば嬉しくなって努力を惜しまなくなり、さらなる磨きがかかるといういい連鎖も生まれるのである。

　しかも、耳で聞いただけでは忘れてしまいがちだが、書いてある文章は読み返しができる。だから、褒められたことや指摘された意外な長所は必ず記録しておくのである。

　失敗や反省などはあくまでも参考程度にずらずらと書かないこと。人は「できない」という思い込みがあると、本当はできることでも失敗してしまう。

　その点、「自分のいいところ」をいつでも確認できれば、仕事も人間関係も趣味の幅も広がっていくはずだ。

10年後のリターンを10倍にする"自己投資法"

将来へのリターンを10倍にする方法がある。といっても、それは株式や債券といった金融商品への投資ではない。では、何に対して投資をするのか。それは**自分自身に対しての投資**である。

たとえば、時間とお金をかけて取得した資格で仕事の守備範囲を広げれば、ビジネスチャンスが増えるだろうし、出世競争でライバルより一歩リードできる。キャリア・アップして実績を積めば、より給与条件のいい企業への転職も夢ではない。

このように自分にいくらかけているかで、将来の収入が決まってくることもあり得る。だから「時間がない」「お金がもったいない」といって、勉強に対してお金をケチってはいけないのだ。

実際に、社会人になってから100万円を自分に投資して弁護士資格を取得して年収が1000万円を超えるようになった人や、サラリーマンをしながら夜間大学に通ってMBA（経営学修士）の資格を取得した人も珍しくはない。

そんな**自己投資で最も大切なことは、10年後の自分自身のビジョンをはっきりと描くこと**である。

明確なビジョンを持ったら、あとは目標に向けて資金を運用するように自分にお金を投資していけばいい。

「目標とする自分」になるためには時間とお金を惜しまない

持続力ドリル

質問①

毎日必ず1時間、資格試験の勉強をすることにしているが、今日はどうしても時間がとれそうにない。勉強は毎日続けることが大事なのはわかっているが、こんなときはどうすればいいだろうか。

A その日は潔くあきらめて、翌日からまた頑張る
B 1分でもいいからとにかくテキストを開く

質問②

勉強など何かを継続していくためには、三日坊主にならないような動機づけや目標が重要になってくる。それでは、目標の立て方として適しているのはどっち？

A モチベーションを高めるために先を見据えて、常に最終的なゴールを意識する
B 目標到達までをいくつかのステップに分けて、細かな目標を立てるようにする

質問①の答え…B
毎日の勉強は習慣にすることが大切だが、1日でも勉強しない日ができてしまうと一気に崩れてしまうもの。毎日短時間でいいからテキストを開くようにし、それに慣れてきたら、だんだんと毎日続けられるよう時間が、その後の持続力につながる。

質問②の答え…B
目標があまりに大きすぎると、その目標に対していま自分がどこにいるのかが見えづらくなる。それよりも、目標的な目標を複数立てて着実に達成していくほうがモチベーションは保たれる。

参考文献

『発想のトリック』(樺旦純／PHP研究所)、『ヒット商品つくる頭と売る頭』(平林茂／KKベストセラーズ)、『「話す」基本の基本』(志田唯史・轡田隆史監修／オーエス出版社)、『相手に「伝わる」話し方』(池上彰／講談社)、『心を引きつける気のきいた「話し方」75』(福田健／三笠書房)、『あたりまえだけどなかなかできない説明のルール』(鶴野充茂／明日香出版社)、『「話す力」が面白いほどつく本』(櫻井弘／三笠書房)、『自分の考えを「5分でまとめ」「3分で伝える」技術』(和田秀樹／新講社)、『論理的な話し方が身につく本』(西村克己／PHP研究所)、『人前で3分、あがらずに話せる本』(金井英之／すばる舎)、『ビジネス《最強》の心理術』(樺旦純／三笠書房)、『モテる男の条件』(富田隆／ごま書房)、『「女を楽しませる」ことが男の最高の仕事。』(中谷彰宏／大和書房)、『文系のための使える理系思考術』(和田秀樹／PHP研究所)、『図解「人脈力」の作り方』(内田雅章／講談社)、『「モテる男」の日本語』(梅森浩一／宝島社)、『「考える力」をつける本2、3』(轡田隆史／三笠書房)、『シンプルプレゼンの技術』(小宮清／日本能率協会マネジメントセンター)、『心理操作ができる本』(渋谷昌三／三笠書房)、『「聞き方」ひとつで人は育ち・動く』(石川和夫・伊藤敦子著／こう書房)、『「相手の本心」が怖いほど読める！』(デビッド・リーバーマン／小田晋訳／三笠書房)、『相談の法則』(大原敬子／扶桑社)、『男と女の心理学ノート』(樺旦純／成美堂出版)、『欠点を長所に変える話し方』(石原加受子／PHP研究所)、『伝える力』(久恒啓一・知的生産の技術研究会編／すばる社)、『いい企画を出せる人の習慣術』(小泉十三／河出書房新社)、『一冊の手帳で夢は必ずかなう』(熊谷正寿／かんき出版)、『野村式　ムリしない仕事術』(野村郁夫／新星出版社)、『仕事で差がつくメモ術・ノート術』(本田尚也／ぱる出版)、『《決定版》プロの仕事術』(『THE21』編集部編／PHP研究所)、『仕事・勉強・人生のすべてが劇的に変わる！奇跡のノート術』(長崎快宏／PHP研究所)、『システム手帳の極意』(舘神龍彦／技術評論社)、『カリスマ編集者の「読む技術」』(川辺秀美／洋泉社)、『原稿用紙10枚を書く力』(齋藤孝／大和書房)、『アタマが良くなる合格ノート術』(田村仁人／ディスカヴァー・トゥエンティワン)、『STUDY HACKS』(小山龍介／東洋経済新報社)、『東大生が選んだ勉強法』(東大家庭教師友の会編著／PHP研究所)、『超右脳活用ノート』(七田眞／PHP研究所)、『頭がいい人の文章の書き方』(小泉十三と日本語倶楽部／河出書房新社)、『週刊 東洋経済 2008.6.21』(東洋経済新報社)、『松下幸之助 夢を育てる』(松下幸之助／日本経済新聞出版社)、『女性の品格』(坂東眞理子／PHP研究所)、『A6ノートで読書を超速化しなさい』(松宮義仁／徳間書店)、『即効マスターらくらく速読ナビ』(松田真澄／日本実業出版社)、『読書力』(斎藤孝／岩波書店)、『人生を変える大人の読書術』(牧野剛／メディアックス)、『いつも目標達成している人の勉強術』(福田稔／明日香出版社)、『ニッポン式お勉強』(村木俊昭／角川SSコミュニケーションズ)、『勉強術』(小山龍介／インフォレスト)、『超速勉強法』(黒川康正／PHP研究所)、『図解 勉強の技術！』(二木紘三／日本実業出版社)、『紙とネットのハイブリッド仕事術』(ビジネススキル向上委員会／ソフトバンククリエイティブ)、『プロの勉強術』(ブリッジワークス編／PHP研究所)、『汗をかかずにトップを奪え！』(三田紀房／大和書房)、『このノートで成績は必ず上がる！』(後藤武士／大和書房)、『脳スッキリ！パズルの本321』(芦ケ原伸之／ゴマブックス)、『百万人のクイズ狂―あなたの頭脳に波状攻撃！』(竹山茂／雄鶏社)、『仕事力を高める法則1000』(PHP研究所編／PHP研究所)、『決定版！超カンタン速読入門』(寺田昌嗣、玉城博正／金の星社)、『頭の体操(第2集)』『頭の体操(第20集)』(多湖輝／光文社)、『人生に役立つ論理力トレーニング』(渡辺パコ／幻冬舎)、『そのまま使えるビジネス会話の基本講座』(浦野啓子監修／成美堂出版)、『論理力が身につく大人のクイズ』(逢沢明／PHP

研究所)、『交渉の技術がみるみる上達する!』(二木紘三/日本実業出版社)、『面白いほどうまくいく心理戦術』(渋谷昌三/東洋経済新報社)、『ことばの心理テクニック』(富田隆監修/永岡書店)、『大人の養成講座』(石原壮一郎/扶桑社)、『さおだけ屋はなぜ潰れないのか?』(山田真哉/光文社)、『「なぜ?」がわかる博学BOOK④』(素朴な疑問探求会編/河出書房新社)、『ちゃんとした大人のマナーがわかる本』(マガジンハウス)、『ビジネスマナー早わかり事典』(葛西千鶴子監修/池田書店)、『あなたの知らない脳の使い方・育て方』(デイビッド・ギャモン&アレン・D・ブラグドン/誠文堂新光社)、『「プレゼン」の基本&実践力がイチから身につく本』(鶴野充茂/すばる舎)、『仕事が劇的にうまくいく情報収集力』(久我勝利/成美堂出版)、『嘘を見破る質問力 反対尋問の手法に学ぶ』(荘司雅彦/日本実業出版社)、『伝える力 各界トップランナーが講師をつとめる自己表現の教室』(久恒啓一・知的生産の技術研究会編/すばる舎)、『頭をよくする ちょっとした「習慣術」』(和田秀樹/祥伝社)、『頭がいい人の習慣術 実践ドリル版』(小泉十三/河出書房新社)、『観察力をつける〈知のノウハウ〉』(小川明/日本経済新聞社)、『大人の表現術』(中島孝志/主婦の友社)、『信頼される人のキメのひと言』(浦野啓子/幻冬舎)、『対人術』(山﨑武也/日本経済新聞社)、『すごい「実行力」』(石田淳/三笠書房)、『五感で磨くコミュニケーション』(平本相武/日本経済新聞社)、『「分かりやすい説明」の技術 最強のプレゼンテーション15のルール』(藤沢晃治/講談社)、『「考える力」をつける本』(轡田隆史/三笠書房)、『なぜか、「仕事がうまくいく人」の習慣 世界中のビジネスマンが学んだ成功の法則』(ケリー・グリーソン著、楡井浩一訳/PHP研究所)、『考えないヒント アイデアはこうして生まれる』(小山薫堂/幻冬舎)、『学力アップの心理学 記憶力・創造力・集中力を伸ばす!!』(齊藤勇編/誠信書房)、『40歳からの「3秒間」集中力鍛錬法』(中島孝志/講談社)、『インタビュー術!』(永江朗/講談社)、『短時間で成果をあげる できる人の勉強法』(安河内哲也/中経出版)、『人のスピード勉強法 時間がない人の66の具体例』(中谷彰宏/ダイヤモンド社)、『なぜか「好感」をもたれる女性のほんのちょっとした違い』(今井登茂子/河出書房新社)、『営業部は今日で解散します。「伝える力」のアイデア帳』(村尾隆介/大和書房)、『嫌いものは嫌ときっぱり伝える対話術』(バルバラ・ベルクハン著、瀬野文教訳/草思社)、『一瞬で伝える「わかりやすさ」の技術』(齊藤孝/大和書房)、『〔図解〕自分の考えをしっかり伝える技術』(八幡紕芦史/PHP研究所)、『1分で大切なことを伝える技術』(齊藤孝/PHP研究所)、『アイデアを形にして伝える技術』(原尻淳一/講談社)、『速読勉強法』(松田真澄監修/日本実業出版社)、『気持ちが伝わる! デキる女の「書く力」』(PHPカラット編/PHP研究所)、『書く力』(イノベーションクラブ/ダイヤモンド社)、『「手書き」の力』(和田茂夫/PHP研究所)、『プレジデント』(2002・7・29号、2006・1・30号、2006・6・12号、2007・9・17、2009・7・13/プレジデント社)、『週刊ダイヤモンド』(2005・6・11号、2005・4・2号/ダイヤモンド社)、『こんなときどうする?最新マナー55』(イミダス2004別冊付録/集英社)、『R25』(2009・6・25)、『THE21』(2008・1、2008・8/PHP研究所)、『DIME』(2008・3・18/小学館)、『Associè』(2005・9・20、2006・6・06、2008・8・05、2008・9・02/日経BP社)、『SPA!』(2008・7・01/扶桑社)、『ダカーポ』(2004・12・01/マガジンハウス)ほか

ホームページ
話し方研究所、月刊リーダーシップ、日経BP社、リクナビNEXT、年収ラボ、日本経済新聞社、アイティメディア、R25、ブザン・ワールドワイド・ジャパン、フォトリーディング公式サイト、日経BPネット、アイティメディア、日本経済新聞社、オールアバウト ほか

編者紹介

知的生活追跡班
忙しい現代人としては、必要な情報だけすぐ欲しい、タメになることだけ知りたい、と思うもの。けれど実際、世の中そう簡単にはいかない——そんなニーズに応えるべく結成された知的集団。あらゆる最新情報の肝心なところだけを、即座にお届けするのを使命としている。
本書は、ビジネスに欠かせない基本能力「考える力」「話す力」「聞く力」「読む力」「書く力」「学ぶ力」を1分間のドリル形式で一挙に身につける一冊。どこから読んでも必ず使えるネタ300項を豪華に収録！

図解 考える 話す 読む 書く
しごとのきほん大全

2016年5月5日 第1刷

編　者	知的生活追跡班
発行者	小澤源太郎
責任編集	株式会社 プライム涌光
	電話 編集部 03(3203)2850
発行所	株式会社 青春出版社
	東京都新宿区若松町12番1号 〒162-0056
	振替番号　00190-7-98602
	電話 営業部 03(3207)1916

印刷・大日本印刷　　製本・ナショナル製本

万一、落丁、乱丁がありました節は、お取りかえします
ISBN978-4-413-11180-5 C0030
©Chiteki seikatsu tsuisekihan 2016 Printed in Japan

本書の内容の一部あるいは全部を無断で複写(コピー)することは著作権法上認められている場合を除き、禁じられています。

できる大人の大全シリーズ

誰もがその先を聞きたくなる
理系の話大全

話題の達人倶楽部［編］

ISBN978-4-413-11136-2

いっしょにいて楽しい人の
話のネタ帳

話題の達人倶楽部［編］

ISBN978-4-413-11138-6

相手の本音を0秒で見抜く
心理分析大全

おもしろ心理学会［編］

ISBN978-4-413-11140-9

ここが一番おもしろい
世界史と日本史 裏話大全

歴史の謎研究会［編］

ISBN978-4-413-11141-6

できる大人の大全シリーズ

知ってるだけで一生得する
料理の裏ワザ・基本ワザ大全(たいぜん)

話題の達人倶楽部［編］

ISBN978-4-413-11147-8

やり方しだいで結果が出せる
大人の勉強力㊙ノート

知的生活追跡班［編］

ISBN978-4-413-11148-5

この一冊でぜんぶわかる!
エクセルの裏ワザ・基本ワザ大全(たいぜん)

きたみあきこ

ISBN978-4-413-11151-5

封印された
古代史の謎大全(たいぜん)

瀧音能之

ISBN978-4-413-11155-3

できる大人の大全シリーズ

そんな仕組みがあったのか!
「儲け」のネタ大全
岩波貴士

ISBN978-4-413-11160-7

誰もがその先を聞きたくなる
地理の話大全
おもしろ地理学会 [編]

ISBN978-4-413-11161-4

隠された歴史の真実に迫る!
謎と暗号の世界史大全
歴史の謎研究会 [編]

ISBN978-4-413-11169-0

話してウケる! 不思議がわかる!
理系のネタ全書
話題の達人倶楽部 [編]

ISBN978-4-413-11174-4